书斋的瑰宝
笔墨纸砚

黄鹏 著

北京出版集团公司
文津出版社

图书在版编目（CIP）数据

书斋的瑰宝：笔墨纸砚／黄鹏著．—北京：文津出版社，2013.4

ISBN 978-7-80554-581-3

Ⅰ．①书… Ⅱ．①黄… Ⅲ．①文化用品—中国—古代—通俗读物 Ⅳ．①K875.4-49

中国版本图书馆 CIP 数据核字（2013）第 018816 号

书斋的瑰宝

笔墨纸砚

SHUZHAI DE GUIBAO

黄 鹏 著

*

北京出版集团公司
文津出版社　出版

（北京北三环中路6号）

邮政编码：100120

网址：www.bph.com.cn

北京出版集团公司总发行

新华书店总经销

北京溢漾印刷有限公司印刷

*

787毫米×1092毫米　16开本　13.5印张　130千字

2013年4月第1版　2013年4月第1次印刷

ISBN 978-7-80554-581-3

定价：30.00元

质量监督电话：010-58572393

序　言

在古代的中国，笔墨纸砚总是同文人士大夫的书斋生涯相关，成为中国古代文化独特的标志之一。没有哪一个民族的文化像中华民族的文化那样同自己的书具有不可分割的联系，也没有哪一个民族的文人像中国古代的文人那样把自己的书具视如自己的生命或密友。不可想象，没有自己的书具，中国古代的书画艺术将会是怎样的面目，如此众多光辉灿烂的典籍将会以怎样的形式流传至今，古代的文人士大夫将会怎样表现自己的儒雅……尽管现代文明精美的书具眼花缭乱，传统的书具仍有自己不可替代的地位，并随着社会现代化程度的加深，愈加显示出令人神往的魅力。

传统书具的魅力就在于，它能够淋漓尽致地表现出中国古代书画艺术的神韵，体现出人类文化与大自然的高度和谐，把文人士大夫的情趣表达得回肠荡气，乃至于可以反映出民族文化的内在精神。作为得心应手的书具，它是文士千金不换的珍宝，是文士书斋生涯的亲密伴侣。在笔耕的风雨生涯中，书具同它的主人分担忧苦，共享欢乐，演出文化剧目中无数的悲喜剧。文士从它们身上，感受到大自然无限的妙趣，感受到民族文化的悠远以及自己的责任，并以它们为师友。只要能同笔墨纸砚在一起，就能心通人间天地，与民族文化同在，与沸沸扬扬的时代同在；就能播种希望，收获理想，即使孤独也不乏充实，在黑暗中也看得见光明，在绝境中也能奋起。文人士大夫赋予了书具深沉含蓄的魅力，书具则成就了文士温文儒雅、挥洒激扬的风姿。书具同文人士大夫水乳交融的结合，形成了中国文化特别是其书画艺术无与伦比的意蕴；民族崇尚文化的传统则使笔墨纸砚在一代又一代的传承中，变得愈加完美和精致，即使单独作为艺术品，也可以令人痴迷而把玩终日；作为古玩或摆设，更具有收藏价值。敬惜书具的教育，在中国历代的启蒙教育中是必不可少的内容，甚至带有敬若神明的意味。朝廷赐予书具，是一项极郑重庄严的仪式，体现出极高的恩宠。人与人之间，互赠书具为人们之间最亲密的表现之一。稍有身份的人死了，随葬品中少不了书具。至今有的地方，嫁妆中也有笔墨等书具，以祝愿生子有文思、文才。这一切，都能体现书具在我们民族生活中的地位，是其他民族所不能比拟的。

由于民族崇尚文化，中国古代的文人士大夫历来领导着时代文化生活的潮流。文人士大夫的精神就是统治阶级的精神，文人士大夫的爱好就是社会的风尚，连皇帝也莫能例外。文士不论什么时代，总是以精神贵族自居，或指点江山，或品藻人物，或激扬文字，或超然物外……左右着时代的风尚。文人士大夫的爱好通常成为社会的文化需求，形成一个时代独有的文化市场，许多笔墨纸砚的工匠、商贾因此参与了书具文化的建设，并留名书册，垂之后世。而文人士大夫的好尚往往标志着一个时代民族文化的水平。笔墨纸砚作为华夏文化的象征，一直引导着社会的物质文明与精神文明的建设，尤其是在文化昌明的时代，只要一提起笔墨纸砚，人们就会联想到国家的礼治和文明，联想到书香门第的儒雅，联想到典章文物的辉煌以及文人士大夫的潇洒，等等。总之，它们代表着秩序，代表着身份，以及代表着世世代代所崇尚的文化。因此，它们身上体现出不可思议的力量，甚至可以作为偶像加以膜拜，人们为之歌哭，为之痴迷，甚至为之殉身。不同于宗教偶像的是，笔墨纸砚没有神灵的那种威压，它们本身即是世俗生活中的一物，人们尽可与之亲狎，嬉笑怒骂，庄谐皆宜。人们对它们的情感，与其说是膜拜，不如说是对自己的生活寄予了太多的希望。人们珍爱书具，实质上是珍爱自己。笔墨纸砚有许多奇闻逸事，不乏神怪的色彩，但却能真实地反映人们的情趣、理想和襟怀，从而具有情感或文化的价值。有怎样的社会与人生，就有怎样的情感或文化。

笔墨纸砚被称为“文房四宝”，最早见于北宋梅尧臣《九月六日登舟再和潘歙州纸砚》：“文房四宝出二郡，迩来赏爱君与予。”北宋时已无郡制，郡是对州的旧称，以示亲切。当时文房四宝产地有名的一是歙州，二是宣州，属北宋的江南路。宣州主产纸笔，歙州主产纸墨砚。

北宋是中国古代文化科技的鼎盛时期。活字印刷的出现，给文学艺术、学术著作以及典籍的整理带来空前的繁荣；工商业的水平也大大超过英国工业革命时期的水平，但中国并没有走上西方的资本主义道路；可以看出社会的经济基础不能离开文化的传统而对社会形态产生所谓的决定性作用，文化传统也不是生产力的水平所能决定或改变的。这说明中国历来崇尚文治，安定和平是民族存在及发展的前提，而文治即是保证安定与和平的重要手段。中国的文化传统可以说明古代的文人士大夫不论在经济繁荣还是衰落的时代总是主宰着民族的精神，决定着时代的好尚。在宋代，富商豪贾有的是，却远不及笔工诸葛高、墨工潘谷等被人尊重，因为他们于文化有功，即能够留名至今。这又可以说明中国并无轻视技艺的传统，只要这些技艺有助于文明礼治，不背离传统的需求。愈在经济繁荣的时代，笔墨纸砚的制造就愈精巧，就愈被视为珍宝。这还表明，文士的社会地位得到高度的肯定，是与经济发展程度成正比的。笔墨纸砚在唐代的类书中有专章记述，显然同文士的社会地位相关。即使文士的命运时有沉浮，笔墨纸砚及文士的社会地位却没受到唐突。这表明崇尚文化及文治的精神一直贯穿于民族的历史，塑造着民族及国人的精神风貌。人们痴迷地珍爱自己的书具，则显示出对于自己民族文化的无限依恋。

如今，人们又重新审视自己的文化，古代的文化遗产成为普遍关注的对象，似乎意味着某种觉醒和寻求。除了专门从事中国书画艺术的人员外，文房四宝也受到普通百姓的喜爱。艺术工作者重视它们，是由于文房四宝同中国的书画有不可分割的联系，离了它们，中国书画就不能表现出自己的神韵。普通的人喜爱它们，是由于其中包含着无穷的文化魅力，即使不使用，放在书斋里作为摆设也让人快意；作为古玩来收藏，也可以令人陶醉。

审视民族的文化，应当从占有和使用文化遗产开始，体验其中的精神或情趣，以照见自身的形象。有益的，便引为资助；反之，则扬弃并批判。不然，面对文化遗产，不是玩物丧志，便是泥古不化。审视民族文化，重要的是为审视自己，审视自己同文化之间的关系，审视自己在现实中的地位，审视自己对于民族的情感，使自己在民族文化面前始终保持清醒的头脑。这本小书，力图在对古代的笔墨纸砚的介绍中，展示民族文化的精神，使读者能从中了解到古代文士的笔耕生涯、生活情趣及其精神风貌。如果本书能为弘扬民族文化的精神尽一点微薄之力，就已经是大喜过望了。

全书按笔墨纸砚分为四个部分，每一部分由几个话题组成，分别介绍其形制、沿革以及相关的故事、诗赋。行文力求通俗易懂，富有知识性和趣味性，使读者在欣赏中了解，在回味中思考。

作　者

目　　录

第一章 笔

一　仓颉作书，蒙恬造笔

——谈古人追溯笔的起源论

大凡事物发展变化到了一定的阶段，人们就会怀着莫大的兴趣去探求它的来龙去脉。一则因为它已同人们的生活结下不解之缘，不弄清楚心中就不坦然；二则因为事物本身已具有极大的魅力，吸引着人们去了解它、研究它。笔，作为书具之主，当它的制造趋于完善，使用更为经常之时，人们便开始记述它，歌咏它，甚至于追溯它的起源。这在古代则是汉末、魏晋的事了。

东汉许慎的《说文解字》和刘熙的《释名》中都列有条目，表明笔在当时已经是极常用的物品了。同时也出现了关于笔的辞赋诗歌，如蔡邕的《笔赋》、李尤的《笔铭》、曹植的乐府诗等。第一个直接追溯笔的起源的则是晋代的张华，他在《博物志》中说，“蒙恬造笔”。

然而，先秦的典籍中许多直接或间接的有关用笔的记载，都能推翻“蒙恬造笔”的说法，在当时就有人提出怀疑，而后世不少人却置此不顾，对“蒙恬造笔”的说法津津乐道，不断演绎出一些故事或传说：如唐代韩愈的《毛颖传》、白居易的《鸡距笔赋》及宋代苏易简的《文房四谱》等。他们难道不知先秦典籍中关于笔的记述？这是典籍本身所不能回答的问题，应从文化情感的角度加以探讨。先看晋代的崔豹在《古今注》中关于笔的一段“牛亨问答”。

牛亨问道，上古自有书契以来就应有笔，为什么却独独说蒙恬着意造笔？崔豹答道，蒙恬所造，不过是秦国独有的那种笔，一种用木料制作笔杆，用鹿毛做笔心，用羊毛做笔被（也叫副毫或副毛）的“苍毫笔”，不是一般的兔毫竹管笔。

崔豹没有直接回答牛亨的提问，意思却很明白，即笔确非蒙恬创造，但蒙恬却创制了一种样式全新的笔。据 1975 年湖北省云梦县睡虎地出土的秦国笔，与 1954 年 6 月长沙出土的楚国笔相比，不同之处就在秦国笔的笔头是容纳在镂空的笔腔里，而楚国笔则是把笔头夹在划成几片的竹管上，外缠麻丝。秦国笔的样式为后人沿用至今，而夹笔头的样式则渐被淘汰了。崔豹所说的以木料作笔杆，大约是指可以镂笔腔的木料。而以鹿毛、羊毛作笔毫，也可以称作有益的革新。因为兔毫极难得，不是一般的兔毫都可以用。所谓兔毫，是秋天所猎野兔背脊上的两行箭毛，一张兔皮就那么一点点。鹿毛、羊毛就容易取得了。并且，鹿毛极耐写，羊毛也比兔毫耐写。可以想见，“苍毫笔”会怎样普遍地被采用。蒙恬究竟造过苍毫笔没有，已无史料可考。《史记》上只说过蒙恬做过法庭书记一类的官吏。这种官吏天天与笔打交道，极有可能对笔做过具有革新意义的改造，这种改造为制笔及用笔带来了极大的方便，因此为人们久久纪念。可见，中国人对每一个在文化事业上作出过哪怕是一点点贡献的人，都会念念不忘的。崔豹《古今注》中的问答，显然对蒙恬造笔作了历史的肯定。在《千字文》这样的启蒙读物中，也可以见到“恬笔伦纸”的句子。

后来人们记述笔的起源，多是罗列早期典籍中关于用笔的记载。然而，这样做并不能指出笔的起源。而笔的出现，应当与书写或描绘的活动相关，书写或描绘的源头既不可追溯，那用笔的源头也当然不可追溯。那么，寻章摘句，罗列有关用笔的早期记述，就多半与怀念先哲的文化业绩相关了，目的就在让人们重温先哲们的生活环境，记起他们的音容笑貌。

传统的看法认为，中华的文明礼治始于周公，而周公的制礼则得之于上天的启示。所以周公制礼应当是用笔之始。《尚书中侯》（纬书，已佚于隋以后，《玉函山房辑佚书》中有一卷）载：周成王祭祀洛水之神，来到洛水边上，沉下玉璧，行完仪式后，便退下了。这时，河中浮出一个光色青苍的大乌龟，龟背上刻有文字，爬到河边的祭坛便停住了，背甲上的文字发出红色的光亮，这些文字便是上天给予周王朝治理天下的启示，而这些文字只有周公才能看懂，于是，周公便拿起笔，用当时通行的文字写下了龟背之文，即洛书。

这段文字记述了周公秉承天意，为周王朝八百多年的统治奠定了奉为圭臬的文化基础。这条记述，透露出周王朝“敬天保民”的消息。对笔的追溯，变成了一种文化的缅怀，让人追念当时祭祀的隆重、庄严。周公的制礼，在历史上体现为确立“宗法制”和“封建制”，对后世有深远的影响。

孔子是中华文化的巨人，对他的怀念中照例有对用笔的记述，后人列举了三条：

（1）删定《春秋》，“笔则笔，削则削”。（见《史记·孔子世家》）

（2）孔子写《孝经》时，穿着红色的单衣，头上簪着笔，向着北极星礼拜。（见《孝经·援神契》）

（3）“绝笔于获麟”。（见杜预《左传》序）

孔子曾说：“吾志在《春秋》，行在《孝经》。”（见汉代何休《公羊传》序）。不过，他也曾于春秋末世叹息生不逢时：“凤鸟不至，河不出图，吾已矣夫！”（见晋代杜预《左传》序）三条记述概括了孔子一生的志向、情怀，意在缅怀孔子的业绩。孔子的簪笔，在当时是尊敬神明的礼饰，同《史记·滑稽列传》中西门豹“向河而立，簪笔磬折”的意思一样。簪笔后来竟成为王朝法定的礼饰。

有人列举《淮南子·本经训》中“仓颉作书，鬼夜哭”高诱（汉代人）的注“鬼或作兔。兔恐见取毫作笔，害及其躯，故夜哭”，以为笔应始造于黄帝的史官仓颉。“鬼夜哭”或许并非对事实的记述，只是形容仓颉造字的功业感天动地，鬼神也为之惊泣。“鬼”和“兔”字形相似，相互混用当在情理之中，至于兔也可以有情感知觉，为人事哭泣，显然是神异之说，意在颂扬仓颉造字的业绩，与“鬼夜哭”的意思殊无二致。虽然文字并非由仓颉一人所造，但仓颉对造字肯定是有大功劳的，与蒙恬造笔一样，足为后人所怀念景仰。

后人列举用笔原始的记述，都和文化事业有关，绝无同笔的制作相涉，而笔的制作则专列在制作的章节或著述中。与用笔相关的文化事业，则多表现为古人的精神生活。发扬文化精神，贯穿于中国古代的一切文化活动中，是我国古代文化的重要特征。

古人列举早期典籍中有关用笔的记述，可以说明中华文化的源头极其悠远，使人感受到民族文化的深沉绵长，从而增强人们的自豪感和使命感。如果以事实的无征去否定记述的真实性，就大大地违离了记述者的初衷。或者在追本溯源时执著于客观存在，对古人不合现代精神的记述抱一种轻蔑态度，也是极其有害的。明代罗颀的《物原》中记："虞舜造笔，以漆书于方册。"不引出处或证据，与现代思维方式大相径庭。若能理解其中的文化情感，既是非存而不论，又不对号入座，则不失公允。

二　削文竹以为管，加漆丝之缠束

——谈古代的笔

中国古代书写以使用毛笔为主。据对出土文物的考察，毛笔的使用可以追溯到距今五六千年前的仰韶文化时期。在出土的仰韶彩陶上，就有毛笔描绘的朱红、黑色的纹饰。与彩陶同时出土的还有研磨颜料及墨的砚和研杵。在殷墟的甲骨文字上，也发现有笔书的墨痕。都可以说明笔的使用与有所描画或书写的活动同时。但早期的笔是怎样的，不仅书册无载，而且无实物可考。今天能看到的最早的笔的实物有两种：一是1954年6月在湖南省长沙市左家公山战国墓出土的楚国笔，仅一支。笔长18.5厘米，直径0.4厘米，笔锋长2.5厘米；笔杆系竹质，笔头为兔箭毛（野兔背脊的两排硬毛），夹在划为四片的竹竿头上，以麻丝缠束，并涂了漆汁。整支笔顺手并且便捷，笔锋坚挺。二是1975年湖北省云梦县睡虎地秦国墓出土的毛笔，共三支：其中一支长18.2厘米，直径0.4厘米，锋长2.5厘米；竹质笔杆，笔尾削尖，笔头镂成腔状，纳入笔毫；有细竹管，比笔长，内径也比笔粗，竹节打通，作为笔套，可把整支笔都放进去。

先秦的典籍中有用笔的记载，但无对笔的描述。以上实物使人对先秦或更早期的笔有了直观的印象。笔的尾部削尖，便于别在头发或冠巾上而随身携带，合乎记载中的“簪笔”的有关说法。笔头镂成腔状纳入笔毫，可能是秦笔独特样式，也可能出于蒙恬的创意。这种笔的形制，比夹缠笔头有更多的优越性：一是笔头可以保持浑圆的状态，利于书写，而夹缠却做不到；二是笔头可以保持端正的位置，而夹缠却不一定；三是更具有稳定感。因此，它的出现应该是笔史上一次重要的革新，能够逐渐取代夹缠笔头的样式，一直沿用至今。也许主要是由于这个革新，人们把造笔的功劳归于蒙恬，并传颂不绝。从以上两种实物看，毛笔的不同主要体现在笔头的扎制上，笔头扎制如何，直接关系到笔的质量、用途、样式等，因此毛笔才有可能是多种样式及用途并存，其形制不断得到革新。

据出土文物及典籍记载，两汉的毛笔大致与战国毛笔相同。

1925 年中国西北科学考察团在蒙古额齐那河边发现的“汉居延笔”，木质笔杆，一端划为四片，夹笔头于其中，外加麻线缠束，涂以漆汁加固。这种笔，笔头坏了可以取下更换。古人说的“退笔”就是这种。笔头也可以叫作笔柱，所以又有“易柱不易管”的说法。

1975 年，湖北省江陵县凤凰山 167 号西汉墓出土毛笔一支，长 24.9 厘米，竹管细捷，笔头尚有墨迹，笔锋圆健，有笔筒。168 号西汉墓出土毛笔一支，长 24.8 厘米，直径 0.3 厘米，笔杆为竹质，笔尾削尖，下端略粗，直径 0.5 厘米，有笔腔，笔毛已朽。出土时笔杆插于笔套里。笔套为竹质，一端为竹节，一端打通，长 29.5 厘米，直径 1.5 厘米，可以把整支笔都放进去，像秦国墓的那样。

1957 年甘肃省武威县磨嘴山 2 号东汉墓出土的一支毛笔，竹质实心笔杆，长 20.9 厘米，直径 0.7 厘米，一端削尖，一端有笔腔，直径 0.6 厘米。笔毫已无。笔腔外缠有细丝，涂有漆汁，并刻有“史虎作”三字。1 号墓出土的一支则刻有“白马作”三字，其他情况大致与 2 号墓的相同。

两汉的毛笔，仍继承战国的遗制，粗细、长短都差不多。其长约为秦汉时的一尺左右，与王充的“三寸之舌，一尺之笔”的说法相合。兔毛好像是笔毫的通制。竹质笔管也像是笔管常制。不同有三：一是笔腔有了加固的措施，二是刻有工匠的名姓，三是夹缠笔头的样式渐趋减少。

最早对毛笔形制加以描述的文献是东汉蔡邕的《笔赋》：

> 唯其翰之所生，于季冬之狡兔，性精亟（急）以慓悍，体遄迅以骋步。削文竹以为管，加漆丝之缠束，形调抟以直端。

季冬，冬季的第三个月，气候最寒冷。慓悍，轻疾而勇猛；遄迅，快捷。文竹，即斑竹；调抟，圆而适手。以文物印证，可知此文为实录。笔毫用野兔（狡兔）毫，竹制笔杆，漆丝缠束，都同文物相符。更重要的是，文中透露出笔的“四德”——尖、齐、圆、健的消息：慓悍，遄迅——健，即善动；形调抟——齐而圆；直端——尖而齐。这是贯穿整个笔史的重要精神，使笔的制造始终不偏离实用的原则，尽管笔的装饰性如何极尽雕琢之能事，也不能有损于笔的实用性，不然，笔就不成其为笔。只是文中的“季冬”或许是“季秋”的讹误，因为，冬末的野兔毛实际上不能用作笔毫；并且历来于兔毫只有“秋毫”之说，并无“冬毫”的说法，秋毫也以季秋之毫为佳。这段文字说明，到东汉，笔的形制已大体确定，以后也只在笔毫的选择或笔杆的加工上有变化。而装饰与实用的分离，是到了明清之时才被突出的，虽然这在汉代已露苗头。晋代葛洪的《西京杂记·天子笔》载：

（汉）天子笔，以错宝为跗（花萼底部），毛皆以秋兔之毫；官师路扈为之。以杂宝为匣，厕（置）以玉璧翠羽，皆直（值）百金。

天子笔，极尽富贵雕镌之能事，作为玩物摆设，有一定的欣赏价值，使用必不便捷。晋代成公绥的《弃故笔赋》中说：

采秋毫之芒颖，加胶漆之绸缪（即缠束），结三束而五重。建（立）犀角之玄管，属象齿（牙）于纤锋。

野兔秋毫，为兔毫四季中最佳者，是长期观察鉴别的结果。三重五束，更见牢固；犀角象齿，更利刻镂雕琢。大概到了晋代，漆不再是唯一的强固剂，胶的使用，使笔头的稳定性大大增加，比漆更加优越。并且，由于胶的使用，使以笔腔纳入笔毫的做法最终能取代夹缠笔头的方法。显然，犀角象齿作笔管，是不宜使用夹缠法固定笔头的，而以笔腔纳入笔头，再以胶固定为宜。在晋代，两种固定笔头的方法应当是并行的。

虽然笔毫在较早期主要采用兔毫，但兔毫极难得，又偏硬，容易写秃，需要有其他种类的笔毫作补充。晋代的王隐在《笔铭》中写道：

岂其作笔，必兔之毫？调利难秃，亦有鹿毛。

“岂其……”用问难的句式，否定了只有兔毫才能作笔的传统看法。调利，即使用顺手的意思。鹿毛，比兔毫软，比羊毫硬，不易写秃，又较兔毫容易取得，应当是一种很理想的笔毫，也许早在秦代就被采用了。晋代崔豹的《古今注》中这样描述了蒙恬笔：

以柘（一作枯）木为管，鹿毛为柱（笔心），羊毫为被。所谓苍毫，非兔毫竹管也。

这段文字以兔毫竹管为常制，以鹿毛、羊毫、木管为创意。可见，到了晋代，鹿毛、羊毫及木管的应用已经非常普遍了。

毛的变化主要体现于笔头的制作上，后来的有关记述也主要集中于笔头的制作。相传为王羲之（晋代）所作的《笔经》记载：

制笔之法，桀者居前，毳（短而软的意思）者居后。强者为刃（即锋），耎（软）者为辅。参之以苘（一种麻），束之以管，固以漆液，泽以海藻。濡墨而试，直中绳，勾中钩，方圆中规矩；终日握而不败，故曰笔妙。

（译文：制笔的方法，应把较好的和较长的毛靠近笔端，而较短和较差的应放在笔根部。把较硬的毛作笔锋，较软的作笔肚。加上蒜作笔头的衬里，把笔头固定在竹管上，再用漆液粘结牢固，以海藻汁润泽笔毫。这样，制出来的笔，画直线如墨绳弹的那样直，画弯线如同钩那样合适，画方形经得用直尺量，画圆如同使用了圆规。整天拿在手里都不觉有别扭的感觉。所以说，制笔得法就叫得了“笔妙”。）

从动物身上采集来的笔毫，本来就参差不齐，若加严格的择取，就会所剩无几。实际上，笔头受墨着纸的部位的差别，使得制作笔毫的原料，可以因质量不同而得到合理的安排。其中显示出传统的因地制宜，因材择用的灵活性。正如文中所说：“兔毫无优劣，管手有巧拙。”文中又说：

诸郡毫唯中山兔肥而毫长可用。先用人发杪数十茎，杂青羊毛并兔毳，裁令齐平，以麻纸裹枝根，令净。次取上毫薄薄布柱上，令柱不见（同现）。

宋代苏易简的《文房四谱》中引述的《笔经》制笔之法，文字颇有差异，并多出了去腻、安笔头、制管、悬蒸等工序，均不见于今天流传的《笔经》：

采毫竟（毕），以纸裹石灰汁，微火上煮，令薄沸，所以去腻（油脂）也。

然后安之。唯须精择去倒毛，毛杪合锋令长九分。管修二握，须圆正方可。后世人或为削管，或笔轻重不同。所以笔多偏握者，以一边偏重故也，自不留心加意，无以详其至。此笔成，合蒸之，令熟三斗米饭（时间）。须以绳穿悬之水器上一宿，然后可用。

遗憾的是，《笔经》中有关制笔的记述，只是主要工序的片断，没有涉及尖齐圆健这一制笔的中心问题，及其有关的工艺。北魏贾思勰的《齐民要术》中记载了三国时魏国韦诞（字仲将）的“制笔方”，较完整地表述了制笔头的关键及过程：

（1）用铁梳把兔毫及羊青毛梳理平顺，除去污秽、卷曲的杂毛；再加分别长短、软硬等，使各自整齐、划一。

（2）用铁梳掌把毛料着实拍齐，作笔锋的一端要安排得极扁，以兔毫作笔心，羊青毛作笔副。羊青毛安排在靠兔毫后二分左右。

（3）把安排得扁平的笔毫卷成圆个，尽量捆紧。

（4）用羊毛作墨池，把笔心弄平齐。

（5）把笔头逼进笔管内，宁深勿浅，宁小勿大。

几道工序，完全以尖齐圆健作为准则，明确地提出了工艺的方法、要求，是迄今最早的毛笔制造较完整的记载。大概到东汉末，毛笔制造的工艺已臻成熟，至今也无实质性的改变。如尖齐圆健的准则，再如用兼毫的作法，再如《笔经》中去腻、制管、悬蒸的工序，都是后来不能违离的。其中都贯穿着以实用为主的精神，并且被创造性地继承着。如兼毫降低了制造成本，合理地利用了各类材料，又能增加笔的实用价值；去腻、悬蒸都为防治虫蛀和霉变，使笔更加经久耐用。只有尖齐圆键，笔才能顺心适手。讲求实用的传统，使得追求华贵、雕琢的浮华风气，一直没有能在笔史上产生有力的影响。

《笔经》中的实用精神是很明显的，对笔杆，作者说：“有人以绿沈漆竹管及镂管见遗（赠我），录（用）之多年，斯亦可爱。玩讵（岂）必金宝雕琢然后为宝也?”又说，“昔人或以琉璃象牙为笔管，丽饰则有之。然笔须轻便，重则踬（不便）矣。”对当时流行的关于鼠须笔的神话，作者说：

世传钟繇、张芝用鼠须笔，笔锋劲强有锋芒，余未之信。

夫秋兔为用，从心任手。鼠须甚难得，且为用未必能佳。盖好事者之说耳。

钟、张俱为书法出神入化者，常人多以为其书神，也应有神笔助其力，于是有鼠须笔的神话，其实并无根据。

唐代的毛笔无大变化，只是对使用体验更细致，对制作要求更明确，而工艺更精细。柳公权有一段文字论制笔：

出锋须长，择毫须细；管不在大，副切须齐。副齐则波掣有凭，管小则运动省力，毛细则点画无失，锋长则洪润自由。

（《谢人惠笔帖》）

从书家的经验对制笔提出了明确的要求，实为制笔的法则。《酉阳杂俎》中载，唐开元时有个叫铁头的笔匠可以把笔管打磨得如同玉石一般莹洁润泽，但其方法已经失传。如果真能“莹管如玉”，那会是很美的享受。

约在唐末，出现了所谓的“散卓笔”。这种笔，应当是在“着臂就案”的书写姿势出现后，为适应在桌面上“悬腕悬肘”的书写姿势而产生的。悬腕悬肘是没有桌椅时最为便捷的书写姿势。中国古代很长时期内是没有桌椅的，桌椅的出现也大致在唐末五代。而散卓笔与桌椅几乎同时出现，似与书写姿势有关。

《酉阳杂俎》的作者段成式在《寄余知古秀才散卓笔十管、软健笔十管》的文中记：

或得悬蒸之要，或陈痛颉之方……前件（散卓笔十管）出新淦（今江西省樟树市），散卓犹精。能用青（羊）毫之长，似学铁头之短。

表明散卓笔为新淦特产，发挥了羊毫的长处，只是笔杆加工不甚精细。

散卓笔在宋代颇为流行。黄山谷说："有吴无至者……作无心散卓笔，大小皆可人意。然学书人喜用宣城诸葛笔，着臂就案，倚笔成字，故吴君笔亦少喜之者。使学书人试提笔去纸数寸书，当左右如意，所欲肥瘠直曲皆无憾然，则诸葛笔败矣。"（见《山谷题跋》）宣城诸葛笔，是宋代最负盛名的名笔之一，但仅为适应着臂就案的姿势而制作，因而有极大的局限性。

提笔去纸，即悬肘悬腕而书，笔锋宜长，笔毫宜柔软，与着臂就案作书对笔的要求正相反。着臂就案，写小字并无妨碍，写稍大一点的字或稍长的笔画，就很拘谨了。而桌椅的出现，使着臂就案的姿势更为舒适，但作字的局限性也就更明显了，于是为适应桌椅上悬肘悬腕作书的散卓笔也就应运而生了。散卓笔重要的特点是"无心"。以前的毛笔，都有较硬的笔毫如兔毫、鹿毛等作心，而以较软的羊毛作副。没有硬毫作笔心的就叫无心，无心即为散，散卓笔之名大概由此而生。兔毫偏硬，作楷书、行书还可以，作草书就不顺手了。作草书又以悬肘悬腕便捷，散卓笔很可能就是单用羊毫制作的较软的长锋笔。山谷《试张耕老羊毛笔》中说：

> 老羝（公羊）拔颖，霜竹斩竿。双钩虚指，八法回腕。张子束笔，无心为朴。鸡著金距，鹿戴千角。

其笔无心，显然不是兼毫。朴即散。此笔利于八法回腕，即悬腕悬肘姿势，可能就是所谓的散卓笔。清代的辞书《通雅》卷三十一中解释了散卓笔：

> 散卓者，毴笔也（注释说，毴，而宛切，借作耎。按，耎，

而兖切；耎，软字的异体字）。欲作草书，漫漫落笔，宜得精毫甓笔，宛转而不叛散者。

漫漫，即自在的样子；精毫，一是纯一，二为优良笔毫，可知散卓笔是一种用毫单一的较软的毛笔。由于用毫单一，又较软，所以制作起来比一般的笔还要难些。东坡曾说：散卓笔唯有宣城诸葛高能做好；别人只能做得相似而已，如一般人学杜诗，只能得其粗野。（见《东坡题跋》）

宋代还有一种“枣心散卓笔”，出自一位叫郎奇的笔匠，这种笔可以作瘦劲字。山谷《书侍其瑛笔》中说：“南阳张乂祖喜用郎奇枣心散卓，能作瘦劲字，他人所系笔多不可意。今侍其瑛秀才以紫毫作枣心笔，合墨圆健。恐乂祖不得独贵郎奇而舍侍瑛也。笔无心而可书。小楷此亦难工，是心得妙处耳。”（《山谷题跋》）所谓“枣心”，即笔头如枣心大小和如枣心呈尖圆状；枣心笔，即小楷笔。以羊毫作小字笔，难度很大，所以他人所系多不可意。平心而论，小字笔还是以紫毫为上。东坡《书黄鲁直惠郎奇笔》中说：“仆应举时常用郎奇笔，近岁不复有；不知奇之存亡……此笔不当供答义人用，当与作赋人用也。”东坡应举在嘉祐元年（公元1056年），用笔以小楷笔为常，是枣心笔为小楷笔之一证。郎奇笔质量极好，“答义”即应试，似太可惜，应用于作诗赋才称心。元代王恽诗《宣城笔》描写其笔说：

圆如枣心大，锐比囊颖直。横驰屈产良，细插蜂脊悉。锋柔得字易，心劲腕能适。

（《秋涧集》）

也是以枣心来形容笔毫的形状。枣心笔即小楷笔则无疑了。这种笔从心任手，毫发毕现，全在其圆、锐、齐、健。描述佳笔都不能不涉及这四种品性，即四德。

四德的正式提出，是在明代屠隆的《考槃余事》中：

制笔之法，以尖齐圆健为四德（即四种品性）。毫坚则尖，毫多则紫而齐，用蒜贴得法则毫束而圆，用纯毫附以香狸（毫），角（胶）水得法则用久而健。

作者又说，制笔的关键在合乎四德；当今的笔不耐用，不在制笔的工匠不懂四德，而在他们舍不得用料。明代陈继儒的《妮古录》中也有相似的说法：

笔有四德，锐齐健圆。

同时的高濂在《遵生八笺》中说：

笔偈曰：圆如锥，捺如凿，只得入，不得却。言缚笔须紧，不令一毛吐出，出即不堪用。又曰：心柱硬，覆毛薄，尖似锥，齐似凿，故伯英（张芝字）之笔穷神尽意。

二人都把尖齐圆健作为制笔的准则，从不同角度提出了具体的要求，似乎标志着毛笔从实用到理论最后的成熟。

明、清两代的笔，更注意笔管的雕琢装潢，把毛笔的装饰性发挥到了一个高峰。现今各博物馆中所陈列的那些富丽堂皇的笔，多为明清的遗物。《简明古玩辞典》载：

剔黄笔管。明代笔管。1970 年至 1971 年山东邹平县明鲁荒王朱檀墓出土。长 21 厘米，直径 1.4 厘米。笔帽长 9.7 厘米，直径1.6厘米。笔杆、笔帽用黄漆，雕刻卷云图案。笔杆两端饰有回文泥金环带，笔杆与笔帽的圆顶雕六瓣旋花，笔帽口刻线纹。这件剔黄笔管是至今发现年代最早、做工尚精的珍贵漆器。具有较大的科学史料价值。

特大斗笔。清代笔。1987年在安徽天长县发现。笔长165厘米，笔斗锋长33厘米，笔斗围径52厘米；用细马鬃制成。为笔中之王。是清代天长书法家程之忠祖传之物。

毛笔是中国古代最常用笔类，硬笔在古代也被使用。硬笔在作刚线方面比软笔更便捷，还有便于制造和携带方便的优点，是毛笔在书写上天然的补充；其出现或许就与毛笔同时。晋代王嘉的《拾遗记》载，汉代任末14岁时，常跋山涉水，穿越险阻去求师。有时在林中搭草屋居住，就削荆枝为笔，取树汁为墨来书写。这就是较早记述中的硬笔。《新唐书·于阗国传》中有于阗“以木为笔”的记述。唐代冯贽的《云仙杂记》中记载，司空图隐居于中条山时，常削松枝为笔管，还美其名曰“幽人笔”，似乎是一种硬笔。

1967年，新疆吐鲁番县阿斯塔那出土一支唐代苇笔，长10.6厘米，用苇管制成；笔尖以刀削成斜尖状，似现在的蘸水笔。近笔端手捏握的地方缠有布条。笔尾已残缺，笔尖尚有墨迹。这使我们对古代硬笔有了一个直观的印象。段成式赠温庭筠的葫芦笔管（见《全唐文》），极有可能是一种硬笔，因为葫芦管并非什么难得之物，单赠没有笔头的笔杆似乎有些不近人情。

总之，古代用笔、制笔贯穿着因地取材、因材择用的实用精神，为使笔好用，细心择取材料，刻意求精；不仅好用，还要好看，以至于制作一支笔，前后数十道工序，历时十来天。古代如此，现代也不例外。《中国大百科全书·轻工》载“制作（笔）与工艺”：

> 以羊毛、黄鼠狼尾毛、山兔毛、石獾毛、香狸毛为多，猪鬃、马尾、鸡毛、鼠须、胎发等也广为使用。笔杆多用竹管，如青竹（烤红）、紫竹、斑竹、罗汉竹，也有用红木、牛角、骨料、象牙、玉石作杆的。
>
> 各类毛笔都须经过选料、除脂、配料、梳洗、顿押、卷头、拣齐、扎头、装头、干修、粘锋、刻字、挂绳等工序，概括起来则俗称为“水盆”和“干活”。水盆工序是决定毛笔用途和质量的关键。笔头要求达到尖齐圆健（史称“四德”）。尖系指笔锋要尖如锥状，利于钩捺；齐指笔毛铺开后，锋毛平齐，利于吐墨均匀；圆指笔头圆柱体圆润饱满，覆盖毛均匀，书写流利而不开叉；健指笔锋在书写绘画时有弹性，能显现笔力。
>
> 毛笔的装潢是干活中的后期工序，包括笔杆刻字、刻画、浮雕、漆画、镶嵌、掐丝、加笔头碗、尾头、挂绳等，体现毛

笔的富丽典雅，有些附件还起到加固笔杆的作用。

由上引文可看出制笔工艺在历史上的承传和发展，体会得到其中的文化内涵。

三　简修毫之奇兔，选珍皮之上翰
——笔毫杂谈

晋代傅玄的《笔赋》说：

简修毫之奇兔，选珍皮之上翰。濯之以清水，芬之以幽兰。嘉竹翠色，彤管含丹。于是班匠竭巧，名工逞术；缠以素枲（一种大麻），纳以玄漆；丰约得中，不文不质。尔乃染芳松之淳烟，写文象于素纨。动应手而从心，焕光流而星布。

作者对制笔及书写作了由衷的赞美，抑扬顿挫，一唱三叹，可以作为前一章的结语，又可以作为本章的开端。

"修毫之奇兔"，即长毫的野兔，"上翰"即优良毫毛，简即选。由出土文物，可知用兔毫作笔的历史可以追溯到战国时期，魏晋及后来对笔的记述、歌咏也多以兔毫为主，兔毫、秋毫或紫毫成为毛笔的代名词。所以兔毫长期以来就是笔论的主要话题，其他动物笔毫则作为兔毫的调节或补充而进入话题。后来能与兔毫分庭抗礼的主要是羊毫，再即是狼毫了，但终不及兔毫地位显赫。

如前已述，兔毫，也叫紫毫，是野兔背上夹脊的两行箭毛。文献常提到的"狡兔""奇兔""中山兔"等都是野兔。野兔的毛随季节的变化而质量不同。《文房四谱》中引《笔经》说，所以要取秋兔毫，并且是仲秋兔之毫，是因为孟秋离夏天近，兔毫焦枯而嫩，季秋离冬天近，兔毫肥满而秃，唯有八月冷热适宜，毫毛正好适用。野兔背脊的两行毛最好，两胁之间的毛稀疏、细而短，不好，其他地方的就更不能用了。不仅如此，兔毫还因兔的生长环境而质量有所差别。《笔经》中还说，当时各地进献给朝廷的兔毫，唯有赵国一带的兔毫中用。因为赵国（即今邯郸到石家庄一带）是一片平原大泽，没有树林荆棘，到处是细草、流水，加上日照充足，润燥适度，所以野兔毛质优良。

但《考槃余事》中有略微不同的说法。屠隆以为："兔以崇山绝壑中者，兔肥而毫长而锐。秋毫取健，冬毫取坚，春夏之毫则不堪矣。若中秋无月则兔不孕，毫少而贵。"

兔毫以兔生南北差异为大。东坡先生曾积聚了几十张兔皮去换笔，笔工都说，这是南兔皮，没经过霜雪，毫轻软不中用。东坡先生才知道做笔的兔毫本就不产于南方的山泽之间。后来，东坡先生被贬斥到海南一带，看见市上卖兔毫笔，表面看来还不错，但一用笔毫就散乱不能用了，这就使他领略了南方的兔毫不中用的道理。（以上均见《东坡题跋》卷五）

长期以来，人们多以为兔毫以宣州中山所出，即宣毫最好。中山，据《元和郡县志》，在宣州溧水县东南十五里。溧水县在唐宋时属宣州，今属江苏省。白居易的《紫毫笔》诗中写道：

> 紫毫笔尖如锥兮利如刀。江南石上有老兔，食竹饮泉生紫毫。宣城之人采为笔，千万毛中选一毫。

传说中蒙恬取中山兔毫作笔，这中山也被看作宣州的中山。韩愈的《毛颖传》中记："蒙将军恬南伐楚，次中山，将大猎以惧楚。"唐代文人多相信宣州的兔毫为天下之冠。耿沛《咏宣州笔》诗道：

寒竹渐虚受，纤毫任几重。
影端缘守直，心劲懒藏锋。
落纸惊风起，摇空浥露浓。
丹青与纪事，舍此复何从。

非宣州笔不能“丹青与纪事”，显是夸张，但可见诗人的厚爱。僧人齐己《谢人自钟陵寄纸笔》诗道：

故人犹忆苦吟劳，所惠何殊金错刀。
霜雪剪裁新剡硾，锋芒管束本宣毫。
知君倒箧情何厚，借我临池价斗高。
词客分张看欲尽，不堪来处隔秋涛。

以金错刀（即刀以金饰，极名贵）比宣毫笔，一层；以天下第一纸对宣毫笔，二层；以友情对笔价，三层；以无话可说状感激之情，四层。一层进于一层，如金字塔，直上云天，以奇文写奇笔，可见慕爱之深。又薛涛《笔离手》诗写道：

越管宣毫始趁情，红笺纸上撒花琼。
都缘用久锋头尽，不得羲之手里擎。

难舍难离之情，洋溢于字里行间。

唐人重宣毫笔，似非盲目阿从。唐人段公路《北户录》曾记，宣城每年进贡青毫六两、紫毫六两、这些进贡的笔毫作笔应是无可挑剔的，故得如此宠爱。但《云仙杂记》的作者冯贽则以自己的亲身经历批驳了宣毫出自宣州的说法，说他在任宣州长官时，曾问笔工用什么地方的毫做笔，笔工回答说用“陈、毫亳、宿”数州商贾所贩来的毫。又说，宣州有兔，但毫不能用。冯贽推测：大概野兔生在平野田园则毫毛周全，因为没有损伤兔毫的东西。宣州之兔住在山里，皮毛容易被荆棘树石所伤，所以毫短而秃；那么白居易诗里所说的就不对了；白公曾往宣州发解进士，应当知道这事，可能疏于失察了。现在的湖州造笔，并不向较近的溧水县采购兔毫，而是到稍远的嘉兴一带采购，而嘉兴地处平川，水草丰茂；可知冯贽的说法不错。

好的兔毫，要求这兔一要生于水草丰美的平野，二要生于有霜雪布露的较干燥的地区，三要这兔八月的皮，四是这皮只有两行毛。怪不得《紫毫笔》诗中说“每岁宣城进笔时，紫毫之价如金贵”，兔毫笔会那么的受宠。

兔毫笔既难得，人们就须寻求其他笔毫来作制笔的补充，或制作特殊的笔类。鹿毛和羊毛可能是最先被找到的。晋代崔豹《古今注》中提到的秦笔，即以鹿毛为柱、羊毛为被而制成的“苍毫笔”。鹿毛比兔毫软，比羊毛硬，又耐书写，是制笔的好材料。所以晋代王隐的鹿毛笔铭中说：

岂其作笔，必兔之毫？调利难秃，亦有鹿毛。

调利，即随手好使，是人们对鹿毛笔书写功能的体会。但鹿毛来源也并不广泛，不易得到。羊毛是笔毫中来源最普遍，在书画笔中用途最广的材料。羊毛，取自公山羊毛。山羊，全国各地皆有，取毛不像兔毫那样太受季节、数量、皮毛部位等多种限制，只要油脂去除得法，悬蒸适度就很好用了。《文房四谱》中说，江东一代少兔，北方的商贾就贩兔皮来南方谋利。当时（宋初）江南民间就有用山羊毛做笔的。四川一带的羊毛笔，用起来不比兔毫笔差。羊毛比较柔软、细长，耐书写，笔锋可以做得较长。散卓笔就是主要用羊毛做成的长锋笔，利于悬肘悬腕作行书草书，是羊毛优于兔毛的地方。前引黄山谷《试张耕老羊毛笔》说“双钩虚指”“无心为朴”“鸡著金距，鹿戴千角”云云。双钩，也作双钩，是中锋行笔时的墨迹效果。兔毫较硬，中锋行笔时，墨迹极浓的细线在笔画中央；而羊毫较软，中锋行笔时，墨迹极浓的细线则在笔画的边缘，如双钩的效果。正是由于极浓的细墨线的不同，兔毫笔书写如单刀刻印，古朴苍劲；而羊毛笔书写则如双刀刻石，细腻圆润，流动畅快。又说张耕老的羊毛笔为无心的散卓笔，如同鸡距（公鸡的护腿毛）笔和鹿毛笔一样，是成功的尝试。羊毛的应用在《齐民要术》中是作为笔头的副毛，在秦笔中也大致如此；单独被作成笔，大概是在散卓笔的出现，即唐代末期；而广泛运用，应当是在宋朝之初。直到现在，羊毛笔仍是同兔毫笔分庭抗礼的笔类。

鸡距笔的记载见于白乐天的《鸡距笔赋》：

> 足之健者有鸡足，毛之劲者有兔毛。就足中之奋发者利距，在毛之内秀出者长毫，合为手笔，正得其要。象彼足距，曲尽其妙，圆而直。

鸡毛，不管是鸡身上哪一部分的，都过于柔软，须和兔毫混合才能使用。白乐天赋中的鸡距笔，是鸡距与兔毫相杂的兼毫笔。今有纯鸡毫笔，只宜高手作狂草用，全不能作正书或行书，也不适合一般人使用。宋代制笔名家诸葛高能做鸡距笔，好像是与鼠须杂用。山谷诗《谢送宣城笔》中说：

> 宣城变样蹲鸡距，诸葛名家捋鼠须。
> 一束喜从公处得，千金求买市中无。

一二句为互文，宣城含诸葛，名家能变样，因变样而成名家，鸡距与鼠须合而为笔。三四句说此笔仅能从朋友处获得馈赠，即使花千金，也是在市面上买不到的。这就极言其珍贵。可见掺和了鸡距的笔，是很名贵的，在宋代至少如此。

鼠须笔在笔史上最为人神往，有关的传说把这种笔吹得迷离恍惚，还曾经生出过一段公案。晋代的张芝是草书之圣，钟繇是楷书之圣，王羲之是行书之圣。人们多以为，他们的书法，除了其本身的天才外，还得力于难得的鼠须笔。《世说新语·佚文》记："王羲之得用笔之法于白云先生，先生遗以鼠须笔。"又记："钟繇亦皆用鼠须笔。"又记："王羲之书兰亭序，用蚕茧纸，鼠须笔，遒媚劲健，绝代更无。"

相传为王羲之所作的《笔经》，则对以上说法表示了怀疑，并陈述了理由：

> 世传钟繇、张芝用鼠须笔，锋端劲强有锋芒。余未之信。夫秋兔为用，从心任手。鼠须甚难得，且为用未必能佳。盖好事者之说耳。

说得合情合理，似乎可以打消对鼠须笔的无谓神往。但鼠须笔却因此名声不断，多有制作。尽管名不副实，笔却因鼠而名贵，真是不可思议。上文提到的诸葛高即做鸡距鼠须笔。相传蔡君谟（宋代名家）为欧阳修的《集古目录》作序，欧阳修便以鼠须栗尾笔外加铜绿笔格作酬谢，蔡君谟大笑，说"太清而不俗"（见《山堂肆考》）。栗尾，即松鼠尾毫。其笔大概只杂用一些鼠须而已，便以鼠须之名示以珍贵。现在仍有所谓的鼠须笔，或许杂有鼠须，但多徒具其名罢了。至今谁也没见过道地的鼠须笔，也没文献记述这种笔的形制、性能。倒有歌咏鼠须笔的诗，不过以玩笑为意。东坡诗《鼠须笔》道：

太仓失陈红，狡穴得余腐。即兴丞相叹，又发廷尉怒。磔肉饲饥猫，分髯杂霜兔。插架刀槊健，落纸龙蛇骛。物理未易诘，时来即所遇。穿墉何卑微，托此得佳誉。

陈红，即粮仓中因陈旧而发红的粮食；余腐，即鼠所窃肉之剩余者。作者就鼠的命运同人的关系发出感慨。《史记·李斯列传》记，李斯看到粪坑中的鼠，不仅吃宿恶劣，还要受人和狗的惊吓，而粮仓中的鼠则吃得好，住得舒适，不受外物惊吓，便叹道，人哪里有什么贤不肖，全是他所处地位使其而然，显出高贵或卑微的样子。《汉书·张汤传》记，张汤小时守家，肉被鼠盗窃，受父亲责罚。张汤一气之下，就掘开鼠穴，发现了被窃的肉，烟熏水灌，抓住那些老鼠，设法堂定罪，当场处以磔刑。李斯叹鼠，后来位居丞相；张汤怒鼠，后来拜为廷尉。老鼠被杀死后，肉喂了猫，胡须和着兔毫作成了毛笔。老鼠也料不到自己活着时是那么卑微，死后却因其胡须可作笔而名满天下。诗中充满理趣，言辞诙谐，如见东坡其人音容。

明代谢宗可的《鼠须笔》诗，也以玩笑为意，评价老鼠一生功过：

夜逐虚星上月宫，奋髯夺得管城公。
橐中不搅吟窗梦，指下先争翰苑功。
莫笑砚池濡醉墨，绝胜仓廪饱陈红。
半生啮尽诗书字，散作龙蛇落纸中。

老鼠生前咬文嚼字，搅人美梦，盗食粮仓，死后其须为笔，临池濡墨，点画龙蛇，也算是弥补了生前过错。

笔毫的采用怕要数“人须”作笔最富戏剧色彩。唐代张怀懽《书断》记，岭南没有兔，地方长官郡牧得到一张兔皮，就拿给工人制作毛笔。工人因醉酒丢失了兔皮，醒后心中恐惧，就把自己的胡须剪下来做笔，结果笔很好使用。后来郡牧又叫这个工人做笔，工人只好说了实话，不愿再做那种“人须笔”了。于是郡牧便下令叫百姓供应人须，没有的就出钱代交，人须与鼠须相对，可为一笑。不过人须要比鼠须容易获得，似乎不如鼠须那样名贵，以致少有人知。

用人的头发做笔倒有悠久的历史。《笔经》载制笔方中就有杂用人发的一种。据唐代段成式《酉阳杂俎》记，南朝有老女人擅用胎发作笔心，当时的书法家很喜欢用这种笔。古人以为，身体发肤，受之父母，所以不敢有所毁弃，故胎发不易得到，做笔只是杂用胎发而已。现在的观念变了，有人用胎发做笔，笔杆刻上其人出生的年月日，用作纪念，倒是一件很有意思的事。

几乎所有的动物的毛都可以做笔，并有其特殊的用途。唐代段公路的《北户录》记：

> 番禺（今广东省广州市）诸郡多以青羊毫为笔，韶州择鸡毛为笔，亦有圆如锥，方如凿，可抄写细字者。昔溪源有鸭毛笔，以山鸡毛、雀雉毛间之，五色可爱。笔有丰狐之毫、虎仆之毛、蛃蛉、鼠毛、鼠须、羖翔沥羖羊毛、麝毛、狸毛、鹿毛、马毛、羊须、胎发、龙筋为之，然未若兔毫。

表明在唐代，毛笔仍以兔毫为正宗。随时代发展，羊毫逐渐同兔毫分庭抗礼。到后来，朝鲜的狼毫笔传入中国，兔毫、羊毫、狼毫三分天下，其他毫类皆成为附庸（即配料）。《考槃余事》记，“朝鲜有狼毫笔，亦佳。近日所制犹绝妙。”清代梁同书的《笔史》所记毫类甚多，可以参看。

笔毫的种类及搭配是决定毛笔质量的关键，保养笔毫得法也是保证笔好用的重要条件。《云仙杂记》中载，养笔以硫黄酒使笔毫舒展，是较早的养笔记载。东坡《书杜君懿藏诸葛笔》中记，君懿胶笔法，每一百枝用水银粉一钱上，皆以沸汤调研如稀糊，再研墨胶笔，永不遭虫蠹，并且润软不燥。东坡得君懿笔，已有二十五年了，还绝妙如新。二十五年后，君懿的儿子赠予东坡的笔，是懿生前所蓄宣州笔，仍良健可用。《考槃余事》载东坡、山谷养笔法，是以黄连汤调轻粉蘸笔，则不被虫蛀，山谷则以川椒加墨蘸笔，效果也不差。养笔最经常的是用后即洗净悬挂于通风处。如有油腻则加皂角洗拭。

除了动物毛，人们也曾尝试用植物纤维做笔毫的。《笔史》中列有竹丝笔、仙茅笔，《古今图书集成》中载有茅草笔、草竹笔、稻草心笔，都是以植物纤维作笔的。民国初胡朴安的《笔志》则认为，用植物纤维作笔毫，写大字还可以，用于案头作书恐怕不行。

四　治世之功，莫尚于笔

——谈古人对笔的认识

笔，在甲骨文中有多种写法，这里举出三种，作为代表：

1. ，2. ，3. 。

——《甲骨文编》

笔，像手捉笔书写状，笔头有分叉部分，像毛笔状。所以笔字是从书写描画的意义造出，可以代表先民对笔的认识。

东汉许慎的《说文解字》中说，“，所以书也。”即书写工具。在先秦，楚地人叫“聿”，蜀地人叫“不律”（见《尔雅·释器》），燕地叫“弗”，而“”，是秦地人的称呼；最后都叫笔，应当和秦的统一有关。《说文》中解释其称谓的变化，大致如此。

东汉刘熙在《释名·释书契》中说，“笔，述也；述事而书之也。”指出了笔在社会活动中两个方面的作用：

(1) 代替人的喉舌述事。以笔代言，可以突破时空的限制，扩展信息与人际交流的深度和广度，从而对人类活动及人的本身产生难以估量的影响。笔一出现，就像舌头一样，成为人们表达自己或述事不可或离的工具，因此人们往往笔舌对举。汉代扬雄曾说：“孰（谁）能书不由笔，言不由舌?”（《法言·问道篇》）王充在《论衡》中也说，凡智能之人，必须通过“三寸之舌，一尺之笔”才能自通。所谓自通，即自我理解或表达自己，是理解别人及让别人理解自己的前提。

(2) 述事而书之，即记事。用笔记事，比用脑记事容量更大，更准确，更有条理，也不会因时光流逝而被淡忘。因此，用笔记事和述事，更有利于处理繁杂的社会事务，更有利于民族文化的传播、积累和整理。这样，就能大大地提高人类活动的质量，从而更有利于人自身的完善或提高。《文士传》记，杨修在任曹操的主簿（即秘书长）时，知道报告日常事务十分烦琐，就叫人把要报告的事务一条条地写在纸上，然后依次述说。这是用笔记事有利于处理日常事务的例子。而王充所谓智士能人，必须通过“三寸之舌，一尺之笔”才能自通的说法，在肯定笔的述事性能时，又指出了笔可以帮助人自我完善，即“自通”，而这是社会得以发展的基础。

述事和记事，是人际交流的基本形式。口耳相传的交际不仅颇受时空的限制，而且有极大的随意性，不利于社会活动的深入和发展。人们也曾采用结绳或刻契的方式来克服上述两方面的缺点，但都收效甚微。直到文字和笔的出现，人们述事和记事的方式才发生了革命性的变化，人们的交流才真正突破了时空的限制，而社会活动才有了可以继承和发展的规范。社会因此进入了高速而平稳发展的时期。因此笔及文字的出现，不亚于取火的发明，以及电的使用的意义。西方文化往往迷醉于征服自然的力量，而东方民族则醉心于推动和调节社会的文化生活，中国古代文人对笔加以礼赞，实际是对民族的文化加以礼赞，对献身于文化中的士人加以礼赞。晋代郭璞《笔赞》中说：

上古结绳，易以书契。经天纬地，错综群艺。日用不知，功盖万世。

“经天纬地”说的是笔的使用使社会活动得以调控或规范，使社会保持一种有序的状态。“错综群艺”是说文人用笔整理或传播文化艺术或各种技能和知识。这样，笔就成为文明社会不可或离的日用品，这种日用品好像是随人类一道出现的物品，人们使用起来是那么的不经意，以至于忘记了它的巨大作用——这恰恰是笔于人们功不可没的地方。

晋代傅玄的《笔铭》上说：

韡韡彤管，冉冉轻翰；正色玄墨，铭心写言。

写，可以理解为泻，即抒情的意思。抒发情感，是对社会生活的回味和对心灵的净化，需要有倾听的对象。多数情况下，这对象不在眼前。说给谁听，远不如写给谁看的效果好。在写的时候，心中就浮现了倾听的对象，不管这对象是古人或将来的人，在千里之外或是陌生人。有时反而比在眼前更清晰，更温馨。笔写心声，多书娴静而深远的心境，有真切而细密的意味，文字也更多经过推敲，往往更容易进入对方的心灵，比口语更能较长久地驻持人心。通过这种跨越时空的交流，亲友加深了情谊，民族增强了凝聚力，于民于国，都有不尽的好处。并且，说话人因深刻而畅快的抒情，或心灵得到了充分的净化，或身心得到自由的舒展，从内在到外在都充满了活力；心胸眼界都豁然开朗，是一种极其有效的解放人的方式。这就奠定了社会高速平稳发展的坚实基础。所以晋代的成公绥说：

治世之功，莫尚于笔。能举万物之形，序自然之情（实）。即圣人之志，非笔不能宣，实天地之伟器也。

——《弃故笔赋》序

这治世之功，最终都要通过“铭心写言”的个人经历来完成。由此可知，如果崇尚征服世界或自然的力量，只会使人变成这力量的奴隶，而崇尚文化转移人的力量，最终会使人变为社会或命运的主人。从这里也可以看出东西方文化的差异或高下。不难理解，北魏的贾思勰为什么把制笔制墨和加工造纸原料的方法作为专门条目列入了《齐民要术》之中。贾氏是把文化事业看做了治国治民的根本，与之相辅相成的则是物质资料的生产。

《礼记·曲礼上》说，“史载笔，士载言”。后面的注释说，史即国史，专门书录国家的大事，诸如君王的祭祀、用兵、施政、起居等，史书必须要记载。君王起居或出游，史官就带着书具跟随，并作详细的记录。因为笔是书具之主，所以不言简牍而说“载笔”。政府及君王的一举一动，对国家会产生这样或那样的影响，规范君主及其政府的活动，就成为文化最日常的工作。通过笔录，君王及政府的行为才有可能作为有案可稽的事，成为评议或调整的依据，或作为参照的例子，或作为当下的教训。笔录君主及政府的行为，实际上起着监督君主及其政府的作用。把君主及政府的行为规范在被统治集团认可的范围之内，可以确保社会的平稳发展和民族精神的继承。大凡在政治开明的时代，历史记载有不可辩驳的真实性，而非可以被随意涂改的小学生作文；法典具有不可动摇的权威，而非堂而皇之的一纸空文。笔录的作用，即文化及文化人的作用。借助文化的力量监督或规范君主及其政府的行为，已成为中国古代的传统。一旦背离这个传统，民族就会陷入动乱、分裂或走向衰落。维护笔录的权威，就是捍卫国家的安宁、民族的兴旺。因此，执笔书史的文化人，常有凛然不可冒犯的正气。孔子删定春秋，乱臣贼子及昏君无不恐惧；司马迁直书无隐，汉室不敢窜易一字。

再举几个例子。

《韩诗外传》记载，赵简子有个家臣叫周舍，在赵简子门前守了三天三夜，赵简子问他为什么要这样，周舍回答说，我是你的谏官，应当准备好笔墨书札，跟在你的后面，看到你有什么过错，就记录下来，好让大家议论。当时的谏官兼有史官的责任，“史载笔”也是这个意思。

《汉书·张安士传》记，张安士带着装书具的口袋，头上簪着笔，跟随孝武帝数十年，被人们赞为忠谨。张安士的忠谨，一是对国家严肃的责任感，二是善于理顺书记与君主的关系。张安士一方面记录君主的起居，还传达君主的指令，转达臣下的报告，既辛苦，又容易得罪人。有时，君主还请求书记笔下留情，往往使得书记难堪，这就要求书记正直不阿。《文房四谱》记，后魏世宗常敕廷尉游肇笔下留情，游肇不答应，说，陛下自己留心自己，难道能叫臣下歪曲事实（曲笔）吗？因此有些君主看见写起居录的官员就很发怵。《三国志·魏书》记，魏明帝见殿中侍御史头上簪着白笔（未经使用过的笔）站在台阶一旁，便问道，这是什么官？一个叫辛毗的老臣以讥讽的口吻回答道，这种官头上簪着笔专门记录陛下不遵古法的事情；你看到他头上的笔，眼睛不会花吧？中国古代专门有监督君主及政府的制度及其机构，可惜的是，自宋代以后，这种监督机制逐渐被削弱直至被取消。

由此可见，在中国，笔杆子于民族的兴衰，与枪杆子有同等的作用。有想否认这种作用的，也不敌只言片语的批驳。《五代史·史弘肇传》载，史弘肇以为，郭威（后为周太祖）出镇魏州，应兼带枢密使这个军职。其他臣僚却以为不必要。史弘肇便大声说："安朝廷，定祸乱，直须长枪大剑，若毛锥子安用哉？"三司使王章反驳说："无毛锥子，军赋何以集乎？"史弘肇当即便无话可说。毛锥子，即对笔的贬称，也含有对文职官员的轻视。

笔杆子不仅可以规范世俗政权的正常的运作，即使不食人间烟火的宗教团体也需要笔杆子来规范和调节。寺庙中也有记录言行的制度。《酉阳杂俎》记，有文士李骞、崔劼去游一寺庙，看见佛像旁有执板、笔的僧人侍立。陪同的僧人解释说，这僧人叫"尸头"，专门记人罪过，是和尚中的"董狐"。所谓董狐，是指春秋时晋国史官。晋灵公无道，赵盾屡谏，灵公便要诛杀赵盾。赵盾出走，他的族人赵穿便杀了灵公。后来赵盾回国，董狐写道，"赵盾弑其君"，向朝廷公布。孔子称之为"古之良史"，说他书法无隐。后人便以董狐为直书无隐的良史的代称。

中国是个传统的农业国家；农业较之游牧业或工商业，更需要和平与安宁。而文治则是保障和平与安宁的根本手段，无怪乎历代王朝都以这样或那样的仪式来倡导和标榜文治。

簪笔，是古人为书写方便，把笔别在头发或冠巾上，出土的战国笔尾部有削尖的样式，可以印证这种情形。但作为礼饰，也当在春秋战国时。《孝经·援神契》中记述孔子写《孝经》前，“簪缥笔，衣绛单衣”，向北辰而拜，有敬畏天命的意思；《史记·滑稽列传》记西门豹“簪笔磬折”，向河而立，表现敬畏神明的意思。到后来，簪笔则成为崇尚文治的标志。晋代崔豹的《古今注》中说：“腰带剑，首珥笔（即把笔别于冠之侧），示君子有文武之备也。”并说这种礼饰由来已久，“白笔，古珥之遗象也。”到隋代，似乎又成为体现权力或身份的标志。《隋书·礼仪志》记：

中世以来，唯八座尚书执笏；笏者白笔缀其头，以紫囊裹之。其余公卿但执手板。

据《通典》（唐杜佑撰）解释，八座尚书即左右仆射及六部尚书。但八座在东汉、魏晋的内涵都不同，隋唐则一致。“八座”可以作中央高级行政官员的尊称。簪笔则是体现这些官员身份的礼饰，其他人不能僭越。《隋书·音乐志》记载，南齐永明年间，跳舞的人簪笔于冠巾，武帝见了，说，簪笔执笏是为受言记事而用，是朝服的装饰。哪有身着朝服，脚穿舞鞋的样子！即命令去掉舞人头上的笔。受言记事是朝官庄重的职责，歌舞人作朝官服饰则太不敬重了。

赐笔的仪式，体现出国家的政治导向和朝廷的意愿。汉代应劭的《汉官仪》中记载，朝廷每月赐给尚书令仆、丞、郎赤管大笔一双，上面有象牙半寸，着于笔下。为什么要赐红色的笔呢？崔豹的《古今注》中记，牛亨问什么叫“彤管”？回答说，彤管就是漆了红色的笔管；史官记事，应当赤胆忠心，所以赐以彤管。《东宫旧（一作故）事》记，晋朝拜皇太子之时，赐给“漆笔”四十枚，铜博山笔床一副（博山，即器物上的山形饰物）。漆笔，或许也为红色。因为太子以赤心监国，也是朝廷的希望。文士有著述篇什可观者，朝廷也赐予笔等书具以示奖励或资助。《史记·司马相如列传》记，司马相如为天子赋游猎之事，武帝大悦，诏令尚书给笔札。《后汉书》载，献帝令荀悦作《汉纪》三十篇，并诏令尚书给笔砚。《晋书》载，王隐作《晋书》八十卷，是陶侃和庾元规资助笔墨等，才能完成著述。由此可见，以赐笔墨纸砚等书具来奖励文士对文化的贡献，已成为古代的惯例，其主观上宣扬了文明治国的精神，客观上促进了文化事业的发展。也有赐笔作为某种权力的信物，以专事某种方便。《新唐书·浑瑊传》记，唐德宗被叛镇朱泚的军队围困于奉天（今陕西省乾县）城中，情势危急。德宗召来浑瑊，赐御笔一支，空白告身（即委任状）千余，招募敢死队，视其战功，加封御史大夫以下，实封五百石的官爵；如果委任状不够，就写委任状于立功者的衣服上。重赏之下，群情激昂，加上浑瑊的足智多谋，终于粉碎了叛镇的围攻。赐笔不管为安邦，还是为定乱，都有利于社会的和平与安宁，因此利国利民。

笔所体现出的文化作用，在调控社会运行时，也有生杀予夺的一面，这是正直的人们所不愿接受的。崇尚文治必然厌弃刑罚。《北堂书钞》（唐代虞世南编）引谢承《后汉书》，说会稽有个廷尉（专管司法的官员），名叫盛吉，字君达，每到了冬至应当处治囚犯时，他手持丹笔（红笔），妻子手执火烛，两人流着眼泪，判处囚犯罪行。《书钞》之意，是赞美盛吉有不忍之心，可以作为父母官的榜样。《文房四谱》也载：

> 今之职官断大辟（死刑）罪者，署按讫，必寻（立即）毁笔，益彰其恻隐也。医工常取之烧灰，治惊风及童子邪气。

官署之笔，本为文治之具，不得已而用之于刑罚，毁其笔，父母官之内疚似乎可以有所宽慰。

总之，古人于笔，是当作文治的化身。传说是周武王的《笔铭》说：

毫毛茂茂，陷水可脱，陷文不可活。

所以用笔于国家的事务，当慎之又慎。东汉李尤的《笔铭》说：

笔之强志，庶事分别。七术之众，犹可解说。投足择言，驷不及舌。笔之过误，愆尤不灭。

笔于文化有巨大的功绩，自是其他事物不可比拟的。但它一旦做了什么错事，其损害也是无法估量的，即让人把错误当作真理，或做出无法弥补的错事，如决定人的命运等。盛吉执笔对泣，官署烧毁判署大辟之笔，即出于对笔的副作用的恻隐之心。白居易《紫毫笔》诗中说：

君兮臣兮勿轻用。勿轻用，将何如？愿赐东西府御史，愿颁左右台起居。握管趋入黄金阙，抽毫立在白玉除。臣有奸邪正衙奏，君有动言直笔书。起居郎，侍御史，尔知毫笔不易致。每岁宣城进笔时，紫毫之价如金贵。慎勿空将弹失仪，慎勿空将录制词。

对笔在政府事务中的文化作用表述得十分明白。爱惜笔，即爱惜民力，爱惜文化所赋予的权力。《梁书·范岫传》记，范岫一生历任骁骑将军、金紫光禄大夫等要职。自亲人故去后，一直饮水蔬食，每任官职，都以廉洁著称，一个梓材巾箱随他历任高官，始终不换新的。在晋陵任官时，曾作牙管笔一双，都以为太浪费了。可惜这种廉洁奉公，一直被有些人看作可望而不可即的理想。

因此，笔的神话中，多有官员造福于民的故事。这些故事，一方面惊异于笔的文化功用的神奇，一方面感恩于青天大老爷的赐予。《古今图书集成》中有两个这样的故事。

一是《真定府志》中记载的一个叫徐神翁的人，修炼道术，得了长生久视之术，飞升成仙。清光绪时，他的家乡徐家庄发了大水，神翁怕洪水祸害村庄及其乡人，就用笔点洪水，使洪水从村旁流走，并形成了一道叫“黑水湾”的水沟。神翁把笔插在地上，就成了一棵像笔的树，其枝丫多像笔形，人们叫作“木笔树”。后来四方的人蜂拥而至，观看这木笔树，以致阻塞道路。乡人怕观者踩坏庄稼，就毁了那棵树，在那里修了一座庙，以纪念神翁，取名叫“神翁庙”。真定，即今河北省正定县。徐神翁怕是一位好道术的官员，所以动笔能调动人力物力开渠疏引洪水，杜绝水患，造福乡里。如此善政，当归功于文治的功劳，归功于官员的仁德，人们却乐意把他的政绩加以神化，以示崇敬之情。

二是《吴江县志》记载，说徐琛在泰宁任知县时，爱民养民，清廉勤政，重德行教化，不喜刑罚，是一位名副其实的父母官。当时有虎入城伤人。一天，虎到了县衙的堂上，县吏准备背走徐琛，免受虎的伤

害。徐琛坐着不动，拿起笔对虎说：“我奉朝廷之命管理这一方的土地、人民，你是个什么东西！”老虎听说，便低下了头。徐琛掷笔于地，喝道：“赶快离开！”虎衔起笔出了县衙，从此便看不到踪迹了。虎本是无情之物，却慑服于徐知县的笔，可见徐琛的文治德政感化之深。故事中的虎恐怕原是不便具名的为害乡里的恶人，竟为父母官的德政所感化，一者见得徐琛爱民之深，二者见得其人格之富有感染力，二者皆为文治之本，为政者立于此本治国治民，其神话当不止于慑服虎豹虫蛇，而是惊天地、泣鬼神了。

笔是文化的标志或象征，于社会可以助长正气，压制邪恶；用于个人，则可以祛邪镇物，免人灾病。晋代干宝的《搜神记》中载，散骑侍郎王祐因病困于家中，母亲又去世了，奄奄一息躺在床上。忽然听说宾客来见，王祐心知这是鬼神，便叹道，不幸致病如此，命在旦夕，既然君到来，我就把生命托付给你。那人说，人生有死虽是必然之事，然君为国士，我可以明天再来，这里暂且给君留下红笔十支，可以簪在头上，出入往来，避免灾恶，凡事平安。并说，我也把笔给了某人某人，说完便执手告别。于是王祐的病自此便痊愈了。后来遇有人生病，王祐便给这红笔，得病的人则会完全康复。这种故事大约基于中医的病理学，即人生病是由于人内在与外在正邪二气的消长所致，只要扶助正气，祛除邪气，病自然便会痊愈。笔在这神话中起的即是助正祛邪的作用。

五　玄首黄管，天地色也

——谈古人心目中的笔

笔一出现，就同古人的生活结下了不解之缘，以意想不到的作用，改变着人们的生活。在古人的心目中，它不再只是一支伸手即来，挥之即去的“毛锥子”，而是具有某种意蕴、值得依恋的伴侣，或者说，它本身就代表着文明，是文化人及其形象、事业的化身。以用笔为自己生涯的古代文人，对笔最有深切的理解，他们以笔为镜，画出了可以为之倾倒的自我形象。且看东汉蔡邕的《笔赋》：

唯其翰（笔毫）之所生，于季冬之狡兔，性精亟（急）以慓悍，体遄迅以骋步。削文竹以为管，加漆丝之缠束。形调抟以直端，染玄墨以定色。画乾坤之阴阳，赞宓皇之洪勋；叙五帝之休德，扬荡荡之明文。纪三王之功伐兮，表八百之肆觐；传六经而缀百氏兮，建皇极而叙彝伦；综人事于晻昧兮，赞幽冥于明神。象类多喻，靡施不协。上刚下柔，乾坤位也；新故代谢，四时次也；圆和正直，规矩极也；玄首黄管，天地色也。

那狡兔，实是文士心怀的形象。当其在野，慓悍难驯，高视骋步，驱驰自由。一旦被管束为笔，便死心塌地献身于文化，博学勤恳，以天地为师，以四时为命，为人伦之规矩，像天地之正色。尖齐圆健为笔之四德，可以用来描述文士心怀：尖，敏锐的文心；齐，平易的眼界；圆，兼收并容的气度；健，自强不息的精神。同笔一样，四德的具有，都出自约束和打磨，像孙猴子的成正果一样。笔之成为笔与文人之成为文人，都是极不容易的事情。韩愈的《毛颖传》中记，蒙恬“载颖而归，献俘于章台宫，聚其族，而加束缚焉”。唐代韦充的《笔赋》中写道：

虽发迹于众毫，诚难颖脱；苟容身于一管，岂是锋芒。进必愿言，退唯处默。随所动以授彩，寓孤贞而保直。修辞立句，曾无点画之亏；游艺依仁，空负诗书之力。恐无成之见掷，常自束以研精择才，而丹青不间应用。

脱颖而出，就意味着成为社会的文化工具，收敛的不仅是锋芒，而且是那天生的野性，身不由己，动言随人，这对天性自由的文化人来说，确实是件苦差事。唐代僧人贯休的《笔》诗中说：

莫讶书绅苦，功成在一毫。
自从蒙管录，便觉用心劳。
手点时难弃，身闲架亦高。
何妨成五色，永愿助风骚。

管录对任何人都不轻松。但最可怕的是被弃而不用。文人用心，总在使自己有用，向社会显示价值，即所谓"用心劳"。闲置时身价虽说不低，但终为弃物，心中难快。文人所以多才多艺，以刚为体，以柔为用，圆和正直，无施不协等等，都在于逃避"无成之见掷"的恐惧。文人到了老迈不堪时，就要退出文化舞台，或被弃置不用。这是文人最不愿意接受但又不得不接受的事实。因此对被弃或闲置牢骚满腹。《毛颖传》中毛颖因老而不中书，被闲置，作者愤愤不平地叹道："秦之灭诸侯，颖与有功，赏不酬劳，以老见疏，秦其少恩哉！"作者以秃笔比喻老迈文人，抒发了一种老而被弃的悲感。晋代成公绥《弃故笔赋》中说："仡尽力于万机，卒见弃于行路。"对有大功于人世的笔的命运，极其不平。也有为之自嘲的，明代诗人郭登《笔》中写道："缩引涂鸦不自嫌，却将毫毛强揪捋。中书老矣真无用，犹向人前要出尖。"像蔡邕那样把故旧笔的弃置看作为"新故代谢，四时序也"的，反而少见了。

笔的被弃置，也有因主人不愿老死章句，而渴求封侯万里的。人们赞赏的即是主人的志向，并不同情笔的遭遇，这时的笔就不再是文人的化身了。最有名要数班超投笔了。《后汉书·班梁列传》记，班超乃班固之弟，班固被朝廷征召后，班超在家替人抄书度日。一天，班超丢下笔长叹道：

> 大丈夫无他志略，犹当效傅介子、张骞立功异域，以取封侯，安能久事笔砚间乎？

博介子，汉昭帝元凤年间，出使大宛，以计斩楼兰王，封义阳侯。张骞，汉建元二年出使月支，经过匈奴，被扣留十余年，后逃回，随大将军卫青击匈奴。张骞熟知沙漠中水草所在，使军队不致困乏，有功封博望侯。汉永平十六年，班超率36人出使西域，借助西域人民的力量，使西域五十余国人民获得安宁。班超在西域31年，官至西域都护，封定远侯。《宋史·赵士嶐传》记，赵士嶐，是太宗之后裔，五岁时补右班殿直。长大后，读书颇聪颖，月试常居前列，一天投笔叹息道：

> 昔贤有不愿为章句儒，出玉门关，佩侯王印者，彼何人哉？

像赵士嶐这种出身贵族，天资聪颖的人，却偏要放弃科举，去做一个郡县吏，凭自己的功绩，一步步升至淮南路兵马钤辖，其志不在安乐，而在奋斗。

不管怎样，笔都是作为一种书写工具而进入文人的生涯。文人把自己的生涯称作“笔耕”的生涯，既体现出文人同书具的关系，又能表明这生涯的艰辛。梁代任昉在《为萧扬州荐士表》中说：“笔耕为养，亦佣书成学。”“养”是生计之事，“佣书”是替人抄书，借此谋生，“成学”则是副产物，所以笔耕首先意味着清贫。清戴名世《砚庄记》

中说，世人把教书卖文称之为笔耕，意即以笔为锄耒，以砚为田来供给生计，是贫穷之士不得已而为之的事。自称笔耕，往往有无可奈何的意味。清伊秉绶《砚铭》说："唯砚作田，咸歌乐岁。墨稼有秋，笔耕无税。"宋代唐庚《次泊头》诗中说："砚田无恶岁，酒国有长春。"都含着自嘲之意。

也有的文人把笔耕当作重要的文化事业，而不只是单纯的谋生手段或无可奈何的选择。不少家境贫寒的文士为了笔耕的文化事业，不惜出卖劳力，以换取笔耕所需的书具等。《抱朴子》上记，葛洪因为家境贫寒，只得砍柴卖钱，去换取笔与纸等。葛洪白天还要经营田园，夜晚以柴火作灯烛照明写字。因此他早年不能涉足文艺。由于缺纸，所用纸正反都写有字，别人很难辨识。前面介绍的汉代任末，也是不畏艰辛读书的例子。三国时吴国的阚泽，世代为农，家境贫寒，只得靠帮人抄书挣钱，以换取纸笔等（见《三国志·吴书》）。古人读书不易，所以有不少勤奋苦读的事例为人们乐道。《东观汉记》载，汉时曹褒为了学习礼仪，日夜钻研，时时带着笔写写画画，走路都在记诵。笔耕在较早时期并无贬义。宋代吴淑的《事类赋》中引《语林》说，晋代蔡洪到洛阳，当地人问吴地的旧姓大族究竟如何？蔡洪回答说：

> 吴府君圣朝之盛，佐明时之俊乂；朱永长理物之宏德，清选之高望；严仲弼九皋之鸣鹤，空谷之白驹；颜彦先八音之琴瑟，五色之龙章；张威伯寒岁之茂松，幽夜之逸光；陆士龙鸿鹄之徘徊，悬鼓之待槌。此诸君以洪笔为锄耒，以纸札为良田，以玄墨为稼穑，以义理为丰年。

所举皆非授徒卖文者，而是旧姓望族之人。《云仙杂记》中说王勃为文，"心耕笔织"，显然是赞美。"笔耕"到后来渐生贬义，表明文化人的地位下降，至于沦为"老九"，似乎同民族的衰微成为正比。

笔于文人是一种耕具，于社会则是一种兴旺发达的象征，所以国家有郑重的赐笔仪式；于家族是发达的标志，于人与人之间是祝福的信物。《诗·静女》中有“静女其娈，贻我彤管。彤管有炜，悦怿女美”一节，有注释以为“彤管”即红漆管笔。如果诗中的“彤管”真是笔的话，那赠笔的来历就很悠久了。而且这笔还是爱情的信物。文士之间互赠笔墨等早就成为风气，有关的酬唱之作比比皆是，不外友情和理解之意，试举韩愈诗《李员外寄纸笔》：

题是临池后，分从起草余。兔尖针莫并，茧净雪难如。莫怪殷情谢，虞卿正著书。

爱好纸笔也被看做是美事。《艺文类聚》引《魏志》说，甄后九岁时，喜爱书写，常用其兄之笔砚。别人不以为然。甄后却说，古代贤德女子都要关心当世之事，不会读书写字，怎么能知道这些呢！民间风俗，婴儿满周岁，父母即陈列多种物品，看其抓取何物，以试其志趣、智愚等，名曰“抓周”“试周”。男孩列文武之物，女孩则列针线厨具等。其文具自然少不了书具。婴儿所抓取如果合于父母的心愿，这一天必然大吹大擂，宴享终日。（事见《颜氏家训·风操》）

爱惜笔墨等书具是启蒙教育的传统内容。《山谷题跋·子弟诫》中说：

吉蠲（一作觸）笔墨，如澡身浴德；揩试几研，如改过迁善。败笔涴墨，瘝弟子职。书几书研，自黥其面。唯弟唯子，临深战战。

大意是说，爱惜笔墨，要像保持身体的清洁或品德的高尚一样。收拾书桌砚台，要像改过向善那样，一要彻底，二要求完美。把笔弄坏或墨污了什么地方，便是一种失职。搞脏了书案书砚，就如同弄脏了自己的面目那样难堪。所以，希望弟子们千万要小心翼翼，像站在悬崖边上一样。一句话，爱护笔墨，要像爱惜自己一样。

笔同人们的关系如此密切，人们对它情感如此之深，笔进入人们的梦乡，成为古代文士梦的一方面内容，也就是很自然的事了。这些梦同文人的希望紧密相关。

首先，文士向往才华，是文人之所以为文人。

《世说新语·佚文》载，王珣，字东亭，曾梦见有人以大笔给他，笔管大如椽子。醒后对人说："用不了多久，一定有我大显文才，做大文章的事出现。"不久，东晋时前赵国君刘聪驾崩，祭文、谥号都出自王珣之手，梦应验了王珣的向往。向往之至，梦中显示，原是常情。然而，不是随便什么人都会有某种向往的。大手笔，如今成为才华与力作的代名词。

《南史·纪少瑜传》记，纪少瑜曾梦见当时名士陆倕给他一束青镂管笔，并说，你可以选其中好的来用。纪少瑜的文章因此大为长进。陆倕很可能就是纪少瑜的老师。老师赠弟子笔，在晋有白云先生赠王羲之鼠须笔的故事。

《新唐书·李峤传》，李峤幼时，梦见有人送笔两支，自此文章华采可观，15 岁时便精通五经。

《开元天宝遗事》记，李白小时候，曾梦见所用的笔头生花。以后便天才横溢，闻名于天下。这故事盖出自人们对李白的倾慕。

《旧五代史·和凝传》记，和凝 17 岁时考取明经。到京城后，梦见有人送给一束五色笔，并说，你这样有才华，为什么不去考进士呢？从此，和凝才思敏赡，文采照人，19 岁便考上了进士。唐代举子有谚曰："三十老明经，四十少进士"，可知 19 岁及进士第为惊人的奇迹。五色笔，盖取文采可观之意。

《宋史·范质传》，范质出生之夕，其母曾梦有人授五色笔。

五色笔的故事，当出自南北朝时的江淹。《蒙求注》引《典略》说，江淹少年时曾梦人给五色笔一支，其人自称郭璞。江淹因此以文章闻名当时。此事不见史传。而《南史·江淹传》只载梦人取笔事：江淹曾夜宿冶亭，梦一老人，自称郭璞，说，我有一支笔在你手里，已用了多年，现在该还给我了。江淹便从怀中取五色笔给了那老人。从此，江淹便才思衰竭，再无美文佳句。从此，“江郎才尽”就成为人们才情文思衰退的代称。

其次，向往仕进，是文人所以有用，也是一般文士最急切的愿望。孔子常说他的学生三年读书而不想到做官，是最难的事。孔子本人壮年时，三月无君便惶惶不安。文人急于用世，是因为只有通过仕进才能有用于世，是由来已久的传统。

《白氏经史事类》记，唐末时宰相马裔孙当初为河中从事时，梦有神召见，以殊礼厚待，并赠送大小笔各一支。当马氏成为翰林学士，以为这正应了梦中赠笔的吉兆。到进入中书执事，在政事堂办公，吏人奉

上二支笔，大小样式正和梦中的一样。

《诚斋杂记》（元代林坤撰）载，伪蜀辛夤逊曾梦掌中抽笔，占梦的人说，你必将升为翰林学士。后来果然应验。

再次，向往专权。这就不是一般文士的梦了，而是那些权贵阶层的文士的梦想了。

唐代徐坚的《初学记》引《吴祚国统》记，吴国孙权，曾梦见面北向天帝顿首，忽然有人用笔点他的额头。醒后，拿这梦去询问征士熊循。熊循解释说，这是吉兆，表示大王必为吴国君主。王，即人的首领，额，又在王的头上；王之上加点，即主字的形象。因此，吴国便断绝同魏国的关系。后来，孙权自立为东吴大帝。

与此相似的是北齐文宣帝高洋的梦。当高洋被封为齐王时，梦见有人用笔点他的额。醒后感到很害怕，就去问门客王昙哲说，我是否应该收敛自己，不再去谋求帝位了呢？王昙哲祝贺说，王上加点，便成一主字，应当加紧谋求帝位。高洋便积极进取，不久便成为北齐的开国君主（事见《北齐书·帝纪第四》）。

《南齐书·祥瑞志》记，世祖在郢州时，梦人从天而降，头上插笔，来画他的衣服两边，没说一句话就走了。当时庾温解释说，画的东西，即所谓“山龙华虫”（即龙袍的纹饰）。世祖心中暗喜。

古人多以为梦是天命的启示，托之于梦，即托之天命。其实人们很明白梦是“日有所思”的产物，而这思只能来自对生活的向往，没有向往即没有梦。向往才华，是文人最美丽的梦；向往仕进，本是好事，但官场难测又为一部分文士所不屑；向往专权，在古代的明君圣主则无妨，在权奸则是国家的灾难。

梦与现实往往有极大的差距。文士的梦多极美妙，但现实却是不可抗拒的冷酷。韩愈的《毛颖传》中记毛颖虽一生“尽心”（双关语，一指忠心，二指笔心磨尽），到老秃而不中用时，便不复召用，封邑终于管城，即笔终有不能用的一天。人也一样，即使录用之时，也难免有不宜使用而被弃置的厄运。所以黄山谷《戏呈孔毅父》诗中悲歌道：

管城子无食肉相，孔方兄有绝交书。
文章功用不经世，何异丝窠缀露珠！

管城子即笔，此为文化人的代称；孔方兄指钱，意即从事文化便意味着贫穷，没肉吃，没钱用。这还不算悲哀，最可悲的是文人的文章于世无补，文人的价值得不到体现。贫穷、仕进无望、于是成为历代文士悲歌的两大主题。但文士有文士的潇洒，即使悲歌也要唱得意气风发，且看元代郭天锡《赠笔工范君用》：

光分顾兔一毫芒，遍洒春分翰墨场。
得趣妙从看剑舞，全身功贵善刀藏。
梦花不羡雕虫巧，试草曾供倚马忙。
昨过山僧余习在，小书红叶拭新霜。

用理想的境界冲淡失意的悲哀，在梦中陶醉于文士的才华与出处的潇洒。翰墨场历来是几家欢喜几家愁的战场，过关则成龙成凤，败阵则惨不忍睹，潇洒从何而来？得趣倒可值一欣赏，“全身”则需要临深渊、履薄冰的谨慎，何得陶醉？不羡李白之才怕不是真话，倚马万言的才华岂容易得？与山僧交往恐怕不全是出于闲雅，小书红叶多怕是故作潇洒。失意文人如果没有自我陶醉的调节，那日子就很难想象了。苦中作乐，也能显英雄本色。也有把悲歌唱得慷慨激昂的，明代程嘉燧的《毛锥行》写道：

茅生轻舟如画阁，自嫌浮家不得泊。我栖一楼如冻蝇，跬步出游还不能。安得逐子东西去，载酒千斛长如渑。买断乌程与顾渚，松醪松风泻花乳。兴酣贯我千兔毫，乱扫溪藤落风雨。随手翻澜乞（给）与人，自豪快意无所取。茅生叩门露肝胆，知我平生重毫素。只今十指如悬槌，生花吐颖将何为？床头大剑且无用，愧尔徒赠双毛锥。

程氏为明代著名诗人。所悲在无经世之用（床头大剑且无用），幽居如“冻蝇”。但满纸豪气逼人，使人想起那种“人穷志不穷，浩气贯长虹”的孤傲。时代不需要英雄，就潇潇洒洒作一个平常人，也不失英雄本色。诗酒琴书，既是文人最亲密的安慰，又是文士笑傲江湖的伴侣。有叹老而悲壮的，如明代瞿佑《羊毛笔》：

毛颖年深老不能，中书模画叹难胜。
管城忽现左元放，草泽不容严子陵。
壁上榴皮功可述，门前竹叶事无凭。
刚柔何必吹毛问，耐久真堪作友朋。

左慈，字元放，东汉庐江人，有神术。后为避曹操害隐遁。有人见他消失于羊群中。严光，字子陵，东汉初会稽人，和刘秀同过学。刘秀为帝，严光隐遁于富春山，不愿为官。元放消失于羊群中，结果羊毛用来作笔，使其无处可隐，子陵隐于钓，钓竿则用作笔杆，也身无所隐，大有“无所逃于天地之间”之叹。此诗实说，兔毫用旧有羊毫，硬的磨秃有软的。所以人之有用不在年老与否，而在有用无用，这显然是不伏老精神的表现。

与笔游戏，是文人抒发身家之慨的一种方式。一篇《毛颖传》，以小说形式借笔写出了文人的普遍遭遇，文士多有同感，于是群起仿效。唐代还有薛稷为笔“封九锡，拜墨曹都统，黑水郡王兼毛州刺史”（见《云仙杂记》）。宋代刘克庄作《四友除授》，为文房四宝分别写封诰，又代为写谢表；写弹劾四宝的奏文，又代写谢罪兼辩解疏；紧锣密鼓，似乎在经历一场宦海沉浮。这种游戏，分明表达着文士的白日梦。于是笔有了不少外号，如毛先生、中书君、管城侯、管子文、龙须友等。还有对笔顶礼膜拜的，虽虔诚有加，仍近于游戏。《云仙杂记》中有故事说，一个名叫郄诜的射策得第一，便拜其笔说："龙须友使我至此！"后来有贵人送金龟与拔蕊石簪，他都给予弟子，并说："可市笔三百管，退而藏之，贮以文锦。一千年后，犹当令子孙以名香礼之。"敬笔有如神灵。《全唐诗话》记，韩定有诗句"盛德好将银笔述"。有人问"银笔"是怎么回事，韩定回答说，昔梁元帝为湘东王时，好学著书，常记录忠臣义士及写得好的文章，有金银饰笔与斑竹笔三种，忠孝两全者用金管书之，德行清粹者以银管书之，文章美丽的用斑竹管书之。以礼用笔，有礼贤士人之意。以俗礼事笔似更耐人寻味。《隋书·郑译传》载，郑译以上柱国的身份回家。不久，有诏徵之恢复沛国公爵位。叫人起草诏书。按习惯，接诏者要出钱酬谢起草人，这钱就叫"润笔"。草诏人开玩笑地对郑译说："我的笔干了。"郑译说："出为方岳（穷乡僻壤），杖策言归，不得一钱，何以润笔？"一般人就更直截了当。宋代陶穀《清异录》记，唐代举子将入考场时，有卖笔谋取暴利的，将笔称为"定名笔"，价比平常高十数倍。每卖一支，就记下买者的姓名，一旦这人及第，就登门求"谢笔"钱。

神话则是梦或游戏的继续。

笔救贫困的故事。《云仙杂记》载，有个叫僦马生的读书人，贫困非常，遇人赠给一支虎毛红管笔，吩咐说，如果想要什么东西，一呵笔就会出现。但除你夫妻二人外，若有一人知道，笔就不灵了。僦马生呵笔有了时髦的"凝烟帐""风篁扇"等。一天晚上，马生想喝兔头羹，一呵笔即有了好几盘，夫妇二人吃不完，就送与邻居。从此，笔虽在，但再也不灵了。

干谒权贵的故事。《大唐奇事》记，开元末期李林甫做宰相之初，有一布衣执刺（即名片）待于路旁，高声说道：“业八体书生管子文欲见相国，伸一言。”李林甫把书生请到宾馆，月明夜静，请教书生。书生便告诫李林甫切记治乱循环的围运，好自为之。李林甫表示谢意。天亮，书生告退，李林甫坚留不住，便遣人跟踪。至一山洞，那人紧跟入洞，便不见书生，只有一支很大的旧笔。那人带回以回复李林甫。李林甫便置于书阁，焚香礼拜；当晚，这笔化作一五色鸟飞走，不知音信。

神笔的故事。也见于《大唐奇事》，一个叫廉广的人，采药于泰山，遇一异人，赠予一笔说：“此笔随意而画，所画都能变活，望密藏之。”说完人即不见。后廉广能画活物之事被人知晓，即命画鬼物及龙，造成灾害，被下狱。廉广乞告神人，神人使画鸟，救广出狱至泰山下，收回神笔，并说，本望笔能给你致福，却不料致祸。说完，神亦不见。从此廉广便不能作画了。

探密的故事。见于《晋书》。前秦苻坚准备赦一批人，便召来左右仆射王猛及苻融，屏开旁人，在阳台密议。苻坚亲自写文告，王猛苻融伺候纸笔墨。忽然一只大苍蝇自窗外飞进，鸣声甚大，附于笔端，赶也不走。苻坚很讨厌。很久，苍蝇才飞走，接着长安街头巷尾传遍官府大赦的消息。苻坚很吃惊，密令查询泄密者。报告说是有一个黑衣小人在街市上大叫官今大赦的话，马上便不见了。苻坚才想起，叹息着说，原来是先前那只苍蝇，声音奇怪，我本来就很讨厌的！

笔仙的故事，见于《东坡题跋》。五代石晋末年，汝州有一士人，不知姓名。每夜作笔十支，放在家里，天亮则合家而出。他只向街的一面墙壁凿一个洞，安上一竹筒，像水管一样。有人买笔，放进三十钱，则有一支笔跳出来，想要多拿却不行，极似现代的自动售物机。笔卖完了，主人便取出钱去买酒喝，说笑自若。像这样过了三十年，忽然不知去向。又过了几十年，又有人重新看见这人，样子与从前差不多。人们叫这人为“笔仙”。这故事很像文人按隐居闹市的隐者的理想编出的。

文人对笔的感受，正如至亲好友。当其伴随书斋时，倾心相交，亲密无间；当其离去，依依惜别，衷心悼之，郑重掩埋。唐代李肇的《国史补》中记：

> 长沙僧怀素好草书，自言得草圣三昧（即真义），弃笔堆积，埋于山下，号曰笔冢。

唐代张怀懽《书断》记：

> 僧智永积年学书，有秃笔头十瓮，每瓮数石。后取笔头瘗之，为退笔冢，自制铭志。

二僧埋笔故事，被当时传为美谈。作诗即有“笔冢”“墨池”之对。如裴说《题怀素台诗》：

> 笔冢低低高似山，墨池浅浅深似海。

以山海比拟，可见人们之尊崇。后人多有仿二僧故事者。《清异录》记，有文士赵光、逄薄在襄汉间游玩，洗脚于一小溪，偶然发现一块方砖，像一块碑，上面题了一些字：

> 秃友退锋郎，功成鬓发伤。
> 冢头封马鬣，不敢负恩光。
>
> 独孤贞节立

砖后积土如小丘，微有苔藓。可能是好事者瘗（即埋）笔的地方。中国文人于笔如此情深，恐怕在其他民族是难以想象的吧！

第二章 墨

一　史占墨，卜人占坼

——谈墨的早期记述

墨被运用于社会活动中，应当与书写或描绘的行为相关，自然可以追溯到极久远的年代。墨首先是作为书写绘画之具而进入早期记述的。

《庄子·田子方》载："宋元君将画图，众史皆至，受揖而立，舐笔和墨，在外者半。"是墨用于画图。

《周礼·春官·占人》记："史占墨，卜人占坼。"郑玄注："墨，兆广也；坼，兆舋也。"意思是史官解释龟甲上顺墨而裂的大纹，卜人则解释不顺墨而裂的小纹。古代占卜多以龟甲烧钻，看其裂纹定吉凶。《礼记·玉藻》记："卜人定龟，史定墨，君定体。"孙希旦注释说："凡卜以火灼龟，视其裂纹，以占吉凶。其巨纹谓之兆，其细文旁出谓之坼。谓墨者，卜以墨画龟腹而灼之，其从墨，裂者吉，不从墨而裂者凶。"占卜时，卜人决定选用何种龟甲，史官决定给龟甲画怎样的墨迹，君主则对其解释加以认可或否定。是墨用于占卜。

墨的黑色是一种礼饰的颜色。《周礼·春官·巾车》记："大夫乘墨车。"郑玄注："不画也。"贾公彦疏："墨车不画也者，言墨漆革车而已。故知不画也。"可知墨能用于漆饰。

《左传·僖公三十三年》记，襄公（晋文公之子）"墨以葬文公，晋于是始墨（开始以黑色为丧服之色）"。丧服常制为白色，但文公去世时，襄公正率领军队与秦国作战，而白色不宜用于戎装；当时晋国戎装为黑色，于是把丧服染为黑色，以表示居丧作战。所以文中又记："子墨（以墨染）衰绖（粗麻并不加修饰的丧服），梁弘御戎，莱驹为右。"杨伯峻先生解释"始墨"说："谓着黑色丧服以葬文公也。晋自此后用黑色衰短为常。”

黑色在汉代还用作礼饰的色彩。蔡质《汉官仪》记：“邑宰铜章墨绶，秩六百石。”墨绶，即黑色的绶带。《后汉书·舆服下》记，秩千石、百石的官员墨绶，有三种色调，青赤绀、淳青圭、青。长丈六尺。青，即深黑色。又记佩刀，诸侯王黄金错，环挟半鲛，黑室（刀鞘），公卿百官刀把、鞘皆纯黑，刀环不挟半鲛。注释说，当时天子至庶人，都带刀剑，因有形制、名称的不同。到东汉，铜章墨绶已成为尚书仆射的礼饰，表示地位比邑宰更高。

古代有墨刑，与礼饰相对立。《尚书·吕刑》记：“墨辟（即墨刑）疑赦，其罚百锾。”蔡沈注：“墨，刻颡（即额）而涅之也。”所谓疑赦，即证据不足而宣判无罪的，虽然无罪，也要罚款。百锾，周代的度量单位。《周礼·秋官·司刑》记：“墨罪五百。”即受墨刑的罪有五百条。郑玄注：“墨，鲸也。先刻其面而以墨窒之。”后来刑罚减轻，仅画墨于面，称为“墨幪”，如同戴了黑色面罩，其中所用的墨，是一种叫涅的黑土，可用于皂染，也可作墨书写。

《论语·阳货》中记：“子曰……不曰坚乎，磨而不磷；不曰白乎，涅而不缁。”孔颖达注，涅，可以染皂（即黑色织物）。《说文解字》说，涅，黑土在水中者也。早期的墨，用于书写、描画、漆饰等的墨色，多取之于涅。

《山海经·西山经》记：“（华山）西南三百里，曰女床之山，其阳（南）多赤铜，其阴（北）多石涅。”吴任臣注：“《本草》云，黑石脂一名石墨，一名石涅；南人谓之画眉石。”杨慎补注说：“石涅可以染黑色，《论语》‘涅而不缁’，即此物也。又可以书字，谓之石墨。”

先秦时所用墨大概如此。在新石器时期遗留的陶器上，发现有墨书的痕迹，同时还发现新石器时代研墨工具，上面还残留有墨迹，经鉴定，其墨为一种叫氧化锰的矿物研磨而成。在发现的甲骨文字上，也发现墨书的痕迹，是漏刻留下的。《说文解字》说：“墨，书墨也，从黑土。”清代段玉裁注：“著于竹帛谓之书，竹木以漆，帛（书）必以墨。”又说，用帛必不起于秦汉。周人的玺书印章，只能写印于帛上，不能写印于竹木上。这就证明古代不单只是用竹木。所以用墨可以追溯到上古，说法合情合理。而明代陶宗仪的《辍耕录》中说：“上古无墨，竹挺点漆而书，中古方以石磨汁……”无论从典籍，从文物看，都不确切。现存最早墨迹是春秋晚期的“侯马盟书”，为晋国卿大夫赵鞅书写于几十块玉片上，内容有解放奴隶的协议。

墨作为形容词进入早期记述，在时间上肯定晚于作为书墨的墨。形容词表达感受，是在有所见或使用之后。墨给人的感受是晦暗、深沉、无声。正如东汉刘熙的《释名》中说：“墨，晦也，言似物晦黑也。”墨作为一种感受在早期典籍中，大致有以下方面：

（1）黑色的，受了墨刑的。如《孟子·滕文公上》记：“孔子曰：‘君薨，听于冢宰，歠（同啜，饮也）粥，面深墨，即位而哭，百官有司，莫敢不哀，先之也。’上有好者，下必有甚焉者矣。君子之德，风也；小人之德，草也。草尚（同上）之风，必偃。是在世子。”世子，即滕文公。孟子教他作出表率为父举哀，下属不敢不从。面深墨，即吃得差而造成的面容憔悴，更能体现悲哀的神色。

《周礼·秋官·掌戮》记：“墨者使守门。”郑玄注：“鲸者（受了墨刑的人）无妨于禁御。墨，鲸也，先刻其面以墨窒之。”

（2）由以上用法引申出的晦气与憔悴的面容。《左传·哀公十三年》记，诸侯会盟，吴国与晋国争歃血的先后，先歃的即为盟主，争先后，实际上是为争霸主地位。（歃，歃血，即古代盟会时，杀牲口饮血，以表示诚意）两国代表争执不下，竟要刀兵相见。晋国代表司马寅进入吴营探听虚实。回报说，“肉食者无墨。今吴王有墨，国胜乎？大（同太）子死乎？且夷德轻，不忍久。请少待之。”杜预注：“墨，气色下。”司马寅见吴王气色不佳，估计或是吴国有难，或对外作战失利，或太子死亡，若乘人之危用兵，即使胜利也不光彩，他建议不用动刀兵，让吴国做盟主算了。“墨面”后来便指憔悴、晦气的面容，一直沿用到现代，鲁迅诗《无题》：

万家墨面没蒿莱，敢有歌吟动地哀。
心事浩茫连广宇，于无声处听惊雷。

墨面即中国人憔悴晦气的样子。人们出入于野草丛中，谁也没有话说，这正是大变革的前夜。

（3）贪污、昏乱。多指官吏。《左传·昭公十四年》记，晋国邢侯、雍子争夺鄐地的一块土地，不可开交。韩宣子命叔鱼代理法官审理。开始叔鱼判雍子有罪，雍子便把自己的女儿嫁给叔鱼，叔鱼便改判邢侯有罪。邢侯大怒，便在朝廷上杀死了叔鱼和雍子。韩宣子便征询叔向如何处理这件事。叔向说，三人同罪，都应处死，然后陈尸示众。其中，雍子自知有罪，却通过贿赂而胜诉；叔鱼受贿而枉断，情理不容；邢侯私自杀人，同前二人罪行一样。“己恶而掠美为昏，贪以败官（贪污而亵渎职责）为墨，杀人无忌为贼。《夏书》曰：‘昏、墨、贼、杀，

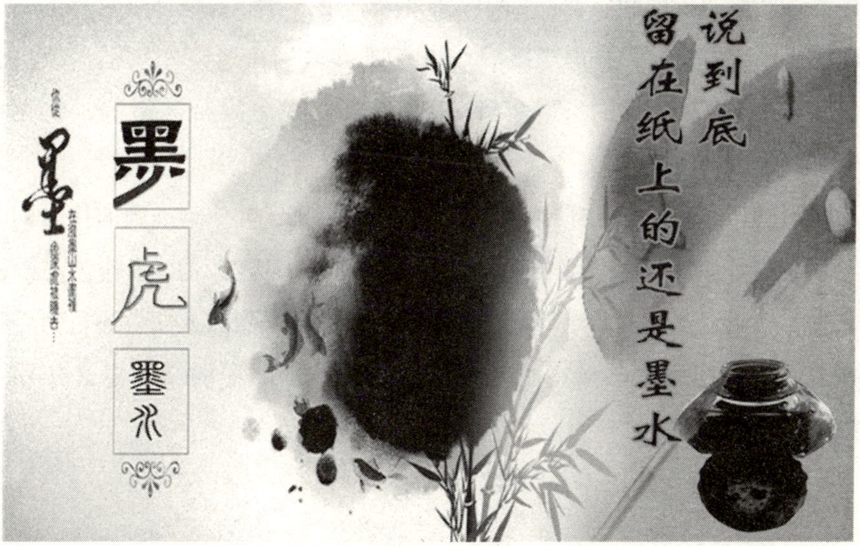

皋陶之刑也。'”应当判邢侯死刑。于是，韩宣子处死邢侯，尸体示众。后来便把贪官污吏称作“墨吏”。

《新唐书·南蛮传·南诏》记，大中（唐懿宗李漼年号）时，李琢任安南经略使（安南，即使南方安定之意，不是地名），“苛墨自私，以斗盐易一牛，夷人不堪（不能忍受）”。清代褚人获《坚瓠首集·锣鼓诗》序说，“至正（元顺宗孛儿支斤妥懽帖木儿年号）间，上下以墨为政，风纪之司，赃污狼藉”。大约历代王朝的末世，官吏贪污之风气特别严重，不可遏制，预示着王朝摇摇欲坠了。在游戏文字的《四友除授集》中，刘克庄虚拟的弹劾“中书君管城侯”的奏文中，其罪之一即“贪墨”而“洁以自污”，是致命一击。

《荀子·解蔽》中说：“《诗》云：‘墨以为明，狐狸而苍。’此言上幽而下险也。”杨倞注：“墨，谓蔽塞也。”王先谦集解说：“郝懿行曰：‘墨者，幽暗之意。’《诗》言以暗为明，以黄为苍，所谓玄黄改色，马鹿易形也。”这里用墨来形容一种是非颠倒、黑暗而险恶的政治现象。

（4）墨音同默，借为形容清静而无人声的情状。屈原在《怀沙》中描述江南的凄凉和寂寞：“陶陶孟夏兮，草木莽莽；伤怀求哀兮，汩阻南土。眴兮窈窕，孔静幽墨。”《史记》集解引王逸注：“孔，甚也；墨，无声也。”正义：“言江南山高泽深，视之眴野甚清静，叹无人声。”

当然，在早期的记述中，墨还有其他的意义：如作为准则的代名词“绳墨”，作为姓氏如墨翟及其创立的墨家学说等。总之，墨作为书画之具和体验进入早期典籍的记述，就已经体现出强烈的人文色彩，为后来人们认识和欣赏墨奠定了基本的调子，对了解墨的文化意义作用极大。

二　墨出青松烟

——谈墨的沿革

墨一进入早期的记述，其字形上即留下了早期制墨的取材记录。据《说文解字》，墨字从黑土。这黑土即早期制墨的材料，黑土可分为两类：

一类是天然矿物。如新石器时代墨研留下的氧化锰残余。又如墨刑所用的涅，画眉所用的原碇石，都可用于书写或染皂，也是古代黑漆的主要颜料。墨和漆天生就有一种亲缘关系。因为天然矿物被研磨后，还需要一种黏合剂，胶或漆都可以做黏合剂。从古籍中胶漆对举行文可知，到春秋战国，黑色颜料主要来源于涅，所以早期典籍中的“涅”即成为黑色的代名词，如“不曰白乎，涅而不缁”“白沙在涅，与之俱黑”，等等。

涅大约有在水中及山上两种。《说文》中说：“涅，土在水中者也。”大概是水中的一种黑色沉淀物。《山海经·北山经》记：“……贲闻之山，其上多苍玉，其下多黄垩，多涅石。”又记：“……孟门之山，其上多苍玉，多金，其下多黄垩，多涅石。“《西山经》记：“……女床之山，其阳（南）多赤铜，其阴（北）多石涅。”

另一类是烟炱。《说文解字》载：“黑，北方色也。火所熏之色也（段注，熏者，火烟上出也）。从炎上出囮（段注，会意。囮，古文“囱”字，在屋曰囮。大徐本此下增：‘囮，古窗字。’许本无之）。凡黑之属，皆从黑。”墨字亦从属黑。主要由烟炱制成。

由于胶和漆都可以做黏合剂，上古书写应当是墨和漆（以胶黏合黑色颜料的叫墨，以漆黏合的则叫黑漆）并用。明陶宗仪的《辍耕录·

墨》中说："上古无墨，以竹挺点漆而书。"其实墨和漆是天生的亲戚，一以软笔书写，一以硬笔可书写。明代罗颀《物原·文原》说："虞舜造笔，以漆书于方册（竹简编串而成），刑夷作墨，史籀始墨书于帛。"漆可书于竹木，而不能书于帛，所以有墨。但漆性浓稠，不利书写，只宜用硬笔"点"着写，并且笔画头圆尾细，被后世称作"蝌蚪文字"，极难辨认（见张秀民《中国印刷术的发明及其影响》）。所以漆渐渐退出书具的舞台，墨渐渐独擅书斋。《物原》中说的"刑夷作墨"，很可能是指用烟炱和胶作的墨。

上古除漆墨并用外，还应有涅土石墨与烟炱墨的并用。

至于专用松烟之炱作墨，起于何时，已无可考。据文献记载，松烟墨在东汉已很盛行。曹植，东汉末人，其乐府诗《长歌行》中有"笔出狡兔翰，墨出青松烟"句，汉代应劭的《汉官仪》记："尚书令仆丞郎，月赐隃糜大墨一枚，小墨一枚。"中央设三省尚书等，始于刘秀的东汉，赐墨也当是东汉事。隃糜，在今陕西省千阳县一带。

《东观汉记》载："和熹邓后即位，万国贡献悉（全）禁绝，唯岁时供纸墨而已。"墨作为贡品，绝非随处可得的物类。

《北堂书钞》引范子计然的话说："墨出三辅。"汉代以京兆、左冯翊、右扶风为三辅，是东汉时地名。《汉官仪》所说的隃糜，即在右扶风西北七十余公里处。

其书引《扬雄答刘歆书》说："雄为郎，诏令尚书赐笔墨，得观书于石室。"其笔墨不仅赐予高级官员，也赐予才华出众的文士。这也是汉时的事，可作赐物的墨，也绝非容易得到的东西。石室，即国家图书馆藏书处，非特许不得入内观书。

其书又引谢承《后汉书》："刘祐，字伯祖，仕郡为祖（疑为主之误）簿。郡将（军事长官）小子尝出钱付之令买果实，祐悉（全）买笔墨书具与之。"作为市场的商品，墨肯定能批量生产。《后汉书》也是记东汉之事的史书。

宋代晁季的《墨经》说："古用松烟石墨二种。石墨自晋魏以后无闻，松烟之制尚矣。汉贵扶风隃糜终南山之松。"以东汉李尤的《墨研铭》印证："书契即造，研墨乃陈。烟石附笔，以流以申。"烟石即烟墨与石墨。可知晁氏说法不错。

石墨自魏晋后无闻，主要是由于烟墨的盛行，其次是由于纸的改进，要求用质量较好的烟墨。但汉代的烟墨，主要为颗粒状。原因在当时的墨用胶不多，墨丸不可能做得很大。加上胶的质量不很高，很难把墨丸做得大。墨丸小，就不能用手捏住研磨。所以出土的汉代砚，都附有研石，把墨丸压在较深的砚窝里加水研磨。《辍耕录·墨》中指出："晋人多用凹心砚者，欲磨墨贮渖（即墨汁）耳。自后有螺子墨，亦墨丸之遗制也。"古砚窝较后来的深得多，不是为多盛墨汁，而是研墨的方式必然要采用的样式。早期的墨成丸状，从早期与墨搭配的量词即可知。东汉的赵壹在《非草书》中说："十日一笔，月数丸墨，领袖如皂，唇齿皆黑。”墨以丸计，不会很大。领袖如皂指衣裳被墨污得很厉害，如被染黑一般。唇齿皆黑说的是早期研墨还有用嘴嚼的方法。《神仙传》（晋葛洪撰）中记，一个叫班孟的道士，能嚼墨喷在纸上，皆成文字。喷墨成字，或许是神话，但嚼墨事则非空穴来风。

墨能入口咀嚼，可以表明有用纯松烟制墨的一种，矿物墨或有矿物加入的墨，入口会粗恶不堪，恐难长期使用。松烟不仅细，而且对人有滋补疗效（后文将涉及），还有香味，其墨入口，除了“唇齿皆黑”，不好看以外，于身体是无害的。

至少在魏晋之时，松烟已成为墨的代名词。晋代成公绥《弃故笔赋》中说：“染青松之微（轻）烟，著不灭之永踪。”晋代傅玄的《笔赋》说：“染芳松之淳烟，写文象于纨素。”如此等等，是松烟墨盛行于汉末或魏晋的佐证。

出土的遗墨可以给人古墨直观的映象。

1975 年 12 月湖北省云梦县睡虎地秦墓中出土有秦墨，颜色纯黑，成圆柱形，颗粒较粗糙，是烟炱及矿物的混合。这是能见的最早的墨的实物。

1975 年，湖北省江陵县凤凰山西汉墓群中发现了一些碎墨。其中有两块可以合成为一完整的小墨丸。同时有石砚一套出土，砚台为一块圆饼形的砾石，上面放有一根研杵。

1978 年 9 月，山东省临沂县金雀山的西汉墓葬中，发现有漆盒装着的石砚，砚面残留墨渣，盒内有放研杵的槽，被墨染为深黑。墓葬中还发现若干芝麻大小的墨丸。

以文物印证，文献记载大体上合乎实情。

制墨的成熟大致在魏晋之时，以墨挺的出现和有名姓可考的制墨名家的出现为重要标志，其次是开始有制墨方法的记载及配方。

《东宫旧事》记：“晋皇太子初拜，给香墨四丸。”四丸应当是不小的数量，不过丸制不再如颗粒，只是承袭旧称。一个“香”字则透露出墨中有添加物的消息。

1974 年，江西省博物馆整理南昌市区的两座东晋墓，都有墨及砚出土。东湖区墓出土的墨长 12. 3 厘米，一头大，一头小，是受潮变形所致；随葬品清单上写着：“故书砚一枚，故笔一支，故墨一丸。”其墨大小足可用手捉住研磨，砚台因此不再附有研杵。仍以丸称呼墨，虽墨已成挺状。可知给皇太子的墨极有可能为“四挺”。西湖区墓东晋女棺中发现的墨成圆柱形。长 9 厘米，直径 2. 5 厘米，与后来的墨无大差异；其砚也没有研杵。这两件墨是我国目前能见到的最早的墨挺。

《艺文类聚》引《三辅决录》说，韦诞曾上奏章说，蔡邕自视善书，但没有张芝笔（即鼠须笔。见前）、左伯纸和我制作的墨，就无法下手写字。这三种书具都是按古法制作的。有了这三样东西，又能借我的手，就“可以尽径丈之势，方寸（心）之言”。据《书断》记，韦诞是在朝廷下诏命他题写洛阳、许都、邺都新建宫观名称，并谢绝使用御制笔墨时说这番话的。韦诞，字仲将，东汉末魏国人，是可考的第一位制墨名家，《三国志》有传。

稍晚的制墨名家是南朝刘宋时张永。《南史·张永传》说：“永，字景云。有巧思，为宋文帝所知。纸墨皆自营造。上每得永表启，辄执玩咨嗟，自叹供御者不及也。”

最早被记录的制墨方法是北魏贾思勰《齐民要术》中的“韦诞制墨方”。大意如下：

（1）用上好纯净松烟捣细，用细筛在缸里筛去杂质。因烟极细，不宜露筛。

（2）一斤烟以好胶五两（古制一斤为十六两），用梣皮汁（注，梣，江南樊鸡木皮也）化解干胶。其汁呈绿色，既化胶，又助墨色。再以鸡蛋五个，去黄，外加朱砂一两，麝香一两（单独捣细，过筛）一起调和于铁臼中。

（3）细捣三万杵，多多益善。

（4）合墨宜在二月、九月。因天热墨易腐臭，天冷则难干，太干燥则容易碎裂。

（5）每丸墨不过二三两，宁小勿大。

书中没有涉及制烟、制胶及具体的用药、制丸、风干等工序，但足以显示出其制墨工艺已经成熟，可为后世遵循。明代汪道贯的《墨书》中说：

> 古墨法云：“烟细胶新，杵熟蒸匀。色不染手，光可射人。”四语已尽制墨三昧。明德非馨，太冲唯漠，先后一揆。

三昧，佛教用语，这里指真谛。最后三句说，明白的道理是很朴素的，并不具有特殊的意味引人注目，大道往往很空泛，古今都是一个道理，似乎是对“韦诞制墨方”而发的议论。《齐民要术》中所载“制墨方”即很朴实，甚至显得很空泛。韦诞制墨方的一鳞半爪中，是具有全龙神韵的。

由于松烟墨的成熟和盛行，石墨，即天然墨逐渐退出了书写的日常使用，到宋代连东坡都弄不明石墨是什么了。《东坡题跋·书沈存中（括）石墨》说：

> 陆士衡（机）与士龙（陆云字）书云：登铜雀台得曹公所藏石墨数瓮，今分寄一螺。《大业拾遗记》：宫人以蛾绿画眉。亦石墨之类也。近世无复此物。沈存中帅鄜延（今陕西省延安市），以石烛（按《梦溪笔谈》，即用作照明的石油原液）烟作墨，坚重而黑，在松烟之上。曹公所藏，岂此物也？

苏公已不能详石墨为何物了。陶宗仪因袭这种说法，“中古以石磨汁，或云是延安石液”，就离谱更远了。

其实铜雀台冰井中的石墨即是煤炭。《六臣注文选》左思《三都赋·魏都赋》中有“墨井盐池，玄滋素液”的句子，刘良注：“邺西高陵西，伯阳城西有墨井，井深，深八丈。”周翰注：“墨井，井中有石如墨。”郦道元《水经注》记：“邺都（即魏都）铜雀台北曰冰井台，高八丈，有屋一百四十间。上有冰室数井，深十五丈，藏冰及石墨焉。石墨可书。又燃之难尽，亦谓之石墨。”邺都即今河北临漳，是煤炭产地，煤炭贮量极丰富，掘冰井而见煤，并不奇怪。考陆云与兄陆机的书信：“三台（铜雀台为其中一台）上有曹公石墨数十万斤，云烧此复消可用。然邺（一作烟）中人不知。兄颇见之不？今送二螺。”其数量及可燃性，都可知铜雀台石墨为煤炭无疑。文献所记石墨多为煤炭。唐代段成式《酉阳杂俎》中记：“无劳县出石墨，爨之弥年不消。”爨，即取火做饭。唐徐坚《初学记》中载：“盛弘之《荆州记》曰：筑阳县有墨山，山石悉如墨。顾微之《广州记》曰：怀化郡掘堑，得石墨甚多。戴延之《西征记》曰：石墨山北五十里，山多墨，可以书。”其中所记石墨，可能是煤炭。

现代意义的石墨为碳的一种形态，用以制电池芯、坩埚及铅笔芯等。明代阙世琦的《石墨记》中的石墨与现代石墨极相似：

> 水心岩下秋冬之际，水落石出，每见石墨累累在沙砾间，人无知者。余数过拾得数十丸，如编贝，如卓笏，如马刀，如鱼袋，如羽扇，明濬可爱，特（只是）无正黑者。然以作书，如烟笼秋荻，霞隐夏云，自然生光，无人世燧火锻炼之气。

有人告诉作者，这种石墨要同松烟混合才能使用，作者不以为然，说：

> 新安章甫告余剂法曰：“烟二、石三、胶香各一。”余未

内（同纳，或同心）服，曰：“请以幽人松毛笔、绿天蕉叶纸与吾水心岩石墨为三，不敢闻命（听从）。”

即让我用这三种东西试试，用不着把石墨作什么加工。

苏公所说宫人画眉所用石墨，即涅石，可用于书写、染皂等。明代李时珍《本草纲目》记：“黑石脂一名石墨，一名石涅。时珍曰：此乃石脂之黑者，亦可以为墨，南人谓之画眉石。”

石墨在古代名目繁多，又不经常使用，无怪乎人们愈加不明白了。

在唐初，石墨还用作烟墨的补充，但松烟墨的制作则不断提高质量，唐初李峤的《墨》诗中写道：

长安分石炭，上党结松心。
绕画蝇初落，含滋绶更深。
悲丝光易染，叠素彩还沉。
别有张芝学，书池幸见临。

长安石炭在诗中只作暂时的衬垫，只表明当时有以它作为书墨用的，此诗后面就单说上党的松烟墨（上党即今山西省长治市）的质量：用于作画，其墨点如蝇落画上，有立体感，并且生动如活物；用于皂染，色彩特别深沉、光鲜；用于写字，是人们首选的墨类。

加药物助墨色、发香味，在唐代成为普遍现象。一般的墨加丹砂、兰麝，御用的墨加龙脑或麝香。这样，墨不仅香气袭人，而且发出紫红、紫蓝等悦目的光彩。李白的《酬张司马赠墨》中写道：

上党碧松烟，夷陵丹砂末。兰麝凝珍墨，精光乃堪掇。黄头奴子双鸦鬟，锦囊养之怀袖间，今日赠余兰亭去，兴来洒笔会稽山。

上党松烟，加夷陵丹砂，再加兰麝，便成珍贵墨品，是赞张司马所赠墨之精美。精光可掇，形容墨色有精神。锦囊养墨，是使墨胶定着的温和而有效之法。后两句说这次去会稽，可以用这墨写出像《兰亭序》那样的传世之作。

《云仙杂记》中载，唐玄宗用的墨叫“龙香剂”。龙香是与麝香齐名的香，极名贵，御用墨中常加这种香剂。

唐代制墨，已有多种颜色。《唐书·韦述传》载，韦述家中藏书二万余卷，都经韦述手自加校点，“黄墨精谨，内秘书不逮也”。内秘书，即宫廷秘阁藏书；不逮，即不及，不及韦述家藏的点校精细和所用黄墨的质量好。黄墨，用雌黄研细加胶合制而成的墨，多用于修改文稿或点校图书用。俗话有“不妄加雌黄”和“信口雌黄”等，意即不要随意改动别人的文章或对人妄加评论。也有用雄黄的，但不多见。

《唐书·王徽传》载，王徽升为考工员外郎，主管记录评议官员的政绩。原来一向用朱墨标明政绩的等级。但红色易褪，日子久了便给人以窜改作乱的空子。王徽便以黑墨注明等级，杜绝了窜改等级的欺骗行为。朱墨是用朱砂研细加胶合成，其红色容易褪色。《文房四谱》中载“造朱墨法”：上好朱砂，细研过筛，再以梣皮水煮胶，清浸七天，倾去胶清，于阳光下渐渐晒干，待黏稠适度，则合朱砂，做成墨挺。用朱砚研磨，以书碑石。造墨也须在二月或九月。

《云仙杂记》载，楚王灵夔，让人造红白二色墨为戏，把墨书写在人们的衣服上，黑衣用白墨书写，白衣用红墨书写，形成了独特的风格。这两种墨，大概只能算作成块状的颜料，与烟墨已有较大区别了。

《文房四谱》中记载了宋代宣州歙州一带制造了一种墨，看起来为银白色，但入砚研磨后又与常墨无异。到作者记载时，其制造方法却已失传了。这恐怕是彩色墨中最为奇特的一种吧。

宋代的制墨达到了制墨史上的巅峰，表现为大量制墨名家的涌现和制墨法的改进并开始了油烟墨的制造。

仅据宋代何薳《春渚纪闻·墨记》载，制墨名家即有潘谷、张遇、王迪、陈赡、沈珪、张孜、潘衡、陈相、柴珣、陈昱、关珪、关瑱、郭遇、汪通、张处厚、高景修、滕达道、苏浩然、晁季、蒲大韶、胡景纯等。其中潘谷号称墨仙，为名家之首。其次为张遇、沈珪、苏浩然、晁季、蒲大韶等。

宋代名墨继承南唐李廷珪的“对胶法”，即一斤烟用一斤胶，和多次蒸熏、捣合的“四和法”。这是宋人在实践中重新总结出来的；南唐李氏的墨法早已失传，仅存其名，宋人因此探索、领悟，终于掌握。其记载见于晁季的《墨经》及其他记述制墨的有关文献中。

《墨经》记合墨法说：“贾思勰墨法（即韦诞合墨方），煤一斤，用胶五两，盖亦未尽善也。况胶多利久，胶少利新。匠者以其速售，故喜用胶少。观易水奚氏、歙州李氏皆用大胶，所以养墨……大胶必厚，厚难于和；和之柔则善，刚则裂。若以漆和之，凡煤一斤，以生漆三钱，熟漆二钱，取清汁投胶中打之匀，和之如法。”

关于用药，则说：“凡墨药尚（由来已久）矣。魏韦仲将用珍珠、麝香二物，后魏贾思勰用梣木、鸡白、珍珠、麝香四物。唐王君德用醋石榴皮、水犀角、胆矾三物；又法：用梣木皮、皂角、胆矾、马鞭草四物，李廷珪用藤黄、犀角、珍珠、巴豆等十二物。今兖人不用药为贵，其说曰：正如白面、清面，又如茶之不可杂以外料。亦自有理。然不及用药者良。旧有《别集药法》一卷。”

《春渚纪闻·墨记》载：“沈珪，嘉禾人。初因贩缯往来黄山，有教之为墨者，以意用胶，一出便有声称。后又出意取古松煤，杂用脂漆滓烧之，得烟极精黑，名为漆烟。每云韦仲将法止用五十两之胶，至李氏渡江（南唐时）始用对胶，而秘不传，为可恨。一日与张处厚于居彦实家造墨，而出灰池失早，墨皆断裂。彦实以所用墨料精佳，惜不忍弃，遂蒸浸以出故胶，再以新胶和之。墨成，其坚如玉石，因悟对胶法。每视烟料而煎胶，胶成，和墨无一滴多寡也。故其墨铭云：‘沈珪对胶，十年如石，一点如漆者。’此最佳者也。”沈珪成就在于悟出了对胶法，并擅长以意用胶。“以意用胶”恐怕是和墨的精妙处，故作者亲见沈珪制墨，也知配方，但做不出好墨。又，潘谷墨用五十两胶法，也没墨经得住潮湿，遇湿不败，也能说明以意用胶是关键中关键，不然，怎么会“胶成和墨无一滴多寡”。

其书又记，何薳偶与曾纯父论及李廷珪对胶法，于是谈到沈珪在居彦实家造墨发现再和之妙。曾纯父告诉何薳，他不久前在相州韩家见廷珪墨一块，上写道：“臣廷珪四和墨。”于是才知道对胶法之妙寓于多次拌和中。作者才领会沈珪的偶然发现暗合对胶法。

书中还记述了两位造油烟墨的工匠。

书中说：“近世所用蒲大韶墨，盖油烟墨也。后见续仲永，言绍兴（宋高宗年号）初，同中贵郑几仁抚谕少师吴玠，于仙人关回舟自涪陵来，大韶儒服手刺，就船来谒。因问油烟墨何得如是之坚久也。大韶云：‘亦半以松烟和，不尔则不得经久也。’”

也有纯用油烟的。书中说：“谭州胡景纯专取桐油烧烟，名桐花烟。其制坚薄，不为外饰，以眩俗眼。大者不过数寸，小者圆如钱大，每磨砚间，其光可鉴，画工宝之。以点目瞳子，如点漆云。”

东坡诗《欧阳季默饷油烟墨，长寸许；戏作小诗》中对制油烟墨有大致描绘：

玉窗拾轻煤，拂帐扫余馥。
辛勤破千夜，收此一寸玉。

制油烟墨是在屋室中（不像取松烟煤在山坡或野外），故弄得窗、帐上都是烟煤。不知要经过多久，才能一点一点地收拾得做出一寸来长的烟煤。可见制烟墨的不容易了。

杨万里（宋人）《谢胡子远惠蒲大韶墨》：

墨家者流老蒲仙，碧桐采花和麝烟。华阳（在四川成都附近）黑水煎胶漆，太阴玄霜作肌骨。

从诗中可知何薳记述不错。并知道蒲大韶为四川成都人。“太阴玄霜”，可知其墨质量精妙。

石油烟作墨是宋代科技的一大奇迹。沈括的《梦溪笔谈》记，鄜延（即今陕西延安）一带有石油，即旧说的高奴县的脂水。石油常见于水边，当地人收集于瓦缶中，很像淳漆。燃烧起来像麻油一样，但烟很浓，把住房的帷幕熏得漆黑。沈氏猜测这些烟迹可以作墨，就试着扫集了一些烟煤作墨，结果墨又黑又亮，连松烟墨都不及，于是大喜，称这种墨为“延川石液”。沈氏预言，这种墨将流行于市场。因为石油出自地中，可以源源不断；而松树则会有时而尽，如像齐鲁一带松树因造墨而被伐尽，太行、京西、江南松山大半被砍光，或许造墨人还不知使用石油的便利，而石炭烟也太粗糙了。沈氏为石油烟墨作诗道：

二郎山下雪纷纷，旋卓穹庐学塞人。
化尽素衣冬未老，石烟多似洛阳尘。

而石油烟煤大量用于制墨，是在清代末期外国炭墨大量进口时才开始的（见《涉园墨萃》序），也算应了沈括的预言。

以植物油或动物油取烟作墨，成熟于明代中叶。明代沈继孙《墨法集要》中：详细记述了桐油烟墨的制作，其取烟工序大要如下：

（1）准备水盆，一二百只油盏及相应的盖碗，并油灯的灯芯无数。

（2）于无风净室，将油盏置入水盆中，点燃灯芯，复上盖碗，远近适宜（远则烟散，近则烟老而白）。

（3）按灯先后不断扫集烟煤，盖碗熏黑即扫，久则烟被燎白。

（4）一斤油烧得好可得二两烟（当现在一两五左右）。可加猪油、麻油、菜油等。

可以想见其烦琐。因此这种墨也不大流行于世，明代宋应星《天工开物》记载：

> 凡墨，烧烟凝质而为之。取桐油、清油、猪油烟为之者居十之一，取松烟为者居十之九。凡造贵重墨者，国朝（即本朝）推重徽郡人。或以载油之艰，僦居荆襄、辰沅，就其贱值桐油点烟而归其墨。他日登于纸上，日影横射有红光者，则以紫草汁浸染灯心而燃炷者也。凡爇（即燃烧）油取烟，每油一斤得上烟一两余。手力捷疾者，一人供事灯盏二百副。若刮取怠慢则烟老。火燃质料并丧也。

以上文字紧接着松烟的取制，先从造窑、伐松枝说起，再说烧烟取烟，大约与宋代李孝美的《墨谱》记述一样。

清代制墨，直到进口炭黑的流入，冲击了古老的造墨方法，加上水笔的应用，墨制发生了极大的变化，墨汁的制造占了统治地位，只少数墨工如曹素功子孙及胡开文子孙还保持着传统的制墨法，传统墨反而比以往任何时候都珍贵了。但这些墨工也生产一般人用得起的各种档次的墨，并且也都应用传统方法生产出各自的墨汁，如曹素功墨汁、一得阁墨汁等。

总观中国古代制墨，松烟制墨是主旋律，可以追溯到东汉的隃麋墨，因此名墨的产地往往是名松的聚生地，其名墨不能流行久远，就在松树不经砍伐。油烟墨的出现绝非偶然，它补充了松树匮乏造成的空缺。而后来炭黑制墨占了统治地位，也不是人心不古的效应。人类文化的发展，在古代中国如此自然温和的状态中，也免不了以牺牲生态平衡为代价。人们沉溺于文化的魅力，不顾环境的保护，终要自食恶果。沈括的预言虽不尽正确，但是看到了自然环境遭到破坏，必然要提出另谋出路的问题。与此相似的是造纸史上藤纸的消失，当时就有人对泛滥的文化现象提出了非议，人在大自然面前炫耀灵巧，以此陶醉，终会吃亏不浅，以致付出几代人的忧患为代价。宋代制墨业的发达，不应成为书写科技史作者盲目陶醉的材料。穿过喧嚣的人类活动，时时注意到我们的生存条件，冷静地审视那些文化上的浪漫生义，是现代文化人应具备的情怀。

三 本性长生，子孙无边

——谈古人的墨梦及用墨

梁代陶宏景的《真诰》说：

> 今之书通用墨者何？盖文章属阴；墨阴象也，自阴显于阳也。

中国哲学认为，阴阳化生万物，阳主激化，阴主滋养。主滋养的阴，和平温顺，受施而成化为物，默无声息，这同文章的形成（从呕心成思到洒墨成字）和文章转移人的作用，形成惊人的契合。墨与默音同，于无声中成文，于无声中动人，简直就是阴德的化身。宇宙体认与文化体认的一致性，是墨在使用中体现出的哲学意味。这意味使得中国的老百姓、统治者和文化人对墨产生不由自主的敬畏。

或许，周代的墨车、晋国的墨衰以及汉代的墨绶，都是人们相信黑色具有大自然赋予的滋养生成的力量。而国家于国运、于人民以及于统治者本身，最重要的责任就是要“能养”。而敬畏自然，正是农业民族的先天感受。

《初学记》引《郑氏婚礼谒文赞》说：

> 九子之墨，藏于松烟。本性长生，子孙图边。（《北堂书钞》作围边。《文房四谱》作无边，可从。）

墨象阴德，主滋养主生成。而古代以子孙繁多为家族兴旺的前提和标志。赠墨以祝多子多养，则是顺理成章的事了。所以《文房四谱》中说："古有九子之墨祝婚者多子，善祷（美好祝愿）之象（表现）也。"青松有长生之象，其烟尤为长生之精华，故有用墨祝寿的。

南宋陆游的《老学庵笔记》中记，他的伯祖父中大夫，平生好墨成癖，家中收藏有从李廷珪以来，张遇以下各种墨丸不可胜计。黄门侍郎李邦直曾从真定（今河北省正定县）寄陈赡墨四十笏给伯祖父，作为祝寿的礼品。伯祖父晚年从所藏墨中选出最精妙的装作两个小箱子，常放在他的卧榻上，爱护备至。后来传给伯父，伯父又传给叔父，并嘱咐道："先人传家之宝，应当好好地珍藏，不能取其中的哪怕是一笏来用。"凡传家之宝，是一种具有象征意义的信物，其象征意义多半为一种信念，在陆游家传的墨中，或许为一种对文化的坚信，对某种品格的坚信。从中，也可以领略到宋人嗜墨成癖的一点意味。

墨既可以祝人多子多寿，祝人家族兴旺发达，又可以示人灾异之状。《初学记》引《灾祥集》说：

> 天雨墨，君臣无道，谗人进。

天雨墨，即天降黑雨，多为空气被污染所致。在工业发达的今天，空气中二氧化硫等工业废气含量极高，黑雨已习以为常。而在古代，黑雨多半为火山灰所致，特别是在地球上火山爆发频繁的年代。而火山活跃的年代，地球环境的灾异也频繁，人世活动也为一种不祥的气氛所笼罩，古人便以为这是天降警示，以使人们检点不合天道的行为。即使今天的黑雨，也是在警示人们检点破坏生态环境的行为。

墨既可作为警示，也可以作为诅咒。西汉末，王莽新朝在被刘秀推翻之际，曾命人用墨污染汉家陵墓、宫院等，想借此诅咒旧的王朝永世不得翻身。

《文房四谱》引《典论》（《典论》为曹丕所作的论文集，今仅存其《论文》一篇。而《四谱》所引，非同于论文一类，疑为《典略》之误）说，袁绍的妻子刘氏生性善妬，袁绍刚去世还未下葬，就杀死了袁绍的五个爱妾。刘氏害怕袁绍死后有知，就叫人用墨涂了袁绍的脸面。这用墨涂面，恐怕一来是为蒙蔽死者，二来是为发泄心中的醋意。

墨既蕴含有不言而喻的文化力量，又有不可言喻的超自然力的力量，因此，古人敬畏墨，如同敬畏神明，古人用墨，作墨的梦，或对墨顶礼膜拜，都是在“敬”和“畏”这两个字中展开的。

朝廷把赐墨作为一种仪式，在典章中确定下来，其敬畏的程度，不亚于敬畏天道、神明。东汉的赐墨给尚书令仆丞郎到晋朝拜皇太子赐香墨，不能全看做是在郑重地表达某种期望。《后汉书·百官志》中有“守宫令”，秩六百石，就是专门掌管御纸笔墨及尚书财用的。管理笔墨及财用，一仆隶即可胜任，专门委任一六百石官员管理，推想是出于敬畏。从人情说，赠赐之物如不是自己所看重的，就是对受赠赐者的轻侮。《云仙杂记》中记：“玄宗御案墨曰‘龙香剂’。一日见墨上有小道士如蝇而行，上叱之，即呼万岁，曰：‘臣即墨之精，墨松使者也。凡世人有文者，其墨上皆有龙宾十二。’上神之，乃以墨分赐掌文官。”把所神之物赐予臣下，可见玄宗之尊重人臣。北宋嘉祐年间，宴近臣于群玉殿，也曾用当时奉为神品的李廷珪墨赐给臣下（见《古今图书集成》引《歙县志》）。

在古代中国，人道、天道、文化等都被当作互相贯通的整体来看待，可以一言蔽之曰“神明”，古人敬畏神明，实际上也是敬畏自己的

生活环境、生活方式，以及民族积淀下来的文化，其中并无现代意义上的鬼神的影子。所以朝廷的赐墨与平民间相互的赠墨本质一样，也可以进入典册的记载。

夫妻之间也赠墨。《初学记》引《妇人集》载，波太子妻写信问候丈夫，并随信附上墨十螺。不管怎样，赠墨总是体现出一种美好的希望和祝福，所以区区小事，竟被载入书册。

由于崇尚文化，互赠书具是我们民族至今不衰的传统，在今天，送给下一代的礼物中，书具无疑是最能体贴人的。我们从古人答谢赠墨诗歌中，看到的也还是朋友间的关怀、希望和体贴。这样的诗歌太多了。试看元代虞集《谢吴宗师惠墨》：

念我衰年不废书，锦囊古墨送幽居。
明窗尘影丹同熟，元圃云英玉不如。
敢谓文章胜虎豹，只应笺注到虫鱼。
研磨不尽人间老，传与儿孙尚有余。

一二句感谢友人的关切，三四句叹墨的精妙，五六句愧对友人的厚赠，七八句感谢友人的深意。正是友人情之深，才有答谢中回还往复的谢意。

梦是真切的心境，是期望象征性的实现，是理智不能制造的幻影。没有梦的人，就没有了活力；没有梦的民族，也就衰老了。从典籍中大量的梦境记载里，可以感受到怎样的生命在激动跳荡！

春秋时晋成公初生时，其母梦见有人用墨画成公臀部，并说，这小儿当为晋国君主三个春秋。晋成公故名“公子黑臀”。梦墨而得国，是墨梦可以启示命运。

元代林坤的《诚斋杂记》中说，汉代王肃随父王朗宦居会稽，夜里梦一女子，自称为越王女，与王肃欢会，离别之时，赠送王肃一墨丸。当时王肃正注《易》经，神思倦怠，一梦之后，突然感到才思敏捷，于经义洞若观火，于是极顺利地完成了对《易》经的注释。墨为阴象，故有女子化身；文章属阴，能滋养才思，与之欢会，便才思敏捷，自是顺理成章。

《酉阳杂俎》记，王勃每当为人作碑颂之时，总是先磨墨水数升，然后拉上被子蒙头而卧，过一会儿，便一跃而起，笔不加点，一气呵成。当时人把王勃这种做法叫打腹稿。说他少年时曾梦人赠墨满袖，腹中装满墨水，便能够打腹稿了。

以上二例，是把墨当作文思之源泉、文化的象征。

陈师道《后山丛谈》记，周约梦见登科后做了尉官，到官舍，在正堂的窗下拾得一只女子的鞋，在厨房的灶边得笔墨。数年后，周约便成为延州第一尉，到官舍后，发现鞋、笔墨所在，样式正如以前梦中一样。这个故事便近于传奇了。

《珍珠船》记，一个叫陈继达的武夫，本来不能识字，梦见有人给喝了几升墨水后，便一下子能识字读书了。

文化在中国古代，是与做官治民紧密相连系的，所以对文具的梦想往往同升官联系起来。《文房四谱》的作者记述了他自己的一个墨梦：在苏易简参加考试的那一年，梦见当时皇帝亲临考场，赐给他一挺墨，他拜谢而受。第二天一早便把这梦说给来客听。来客中有个叫郭靖的祝贺他说："先生必然状元及第!"他追问郭靖，郭靖说："以后可以证明!"后来春试果然中了状元，这时郭靖已到了江东一带。后来他把这事告诉礼部郎中张洎，张洎说："大墨，一定放置在笔砚之前，用时必须先出手去拿。'手'与'首'音同，应出人头地之兆。"他补充说："也表示天子的手和文墨。"苏易简是宋代大诗人苏舜钦的父亲，父子俩才高一世，其梦当正合其人心境。

墨在神话中，其象征意义也正与梦同。

晋代王嘉《拾遗记》中载：周灵王时，浮提国来了两个有神通、善书法的人，可以变老变少，隐形藏身，他随身带着一个四寸金壶，上刻有云龙纹饰，用青泥封住壶口。壶中有墨汁如漆般黑亮，洒于地上或石面上，便可形成蝌蚪、篆隶等文字，详细阐述出人类社会与自然界变化的来龙去脉。凭借这些文字，二人帮助老子撰写《道德经》，近十万字，写在用金绳编串起来的玉牒上，装在玉石匣里。写作时，二人夜以继日，形劳神倦。到金壶中的墨汁用完之时，二人便剖心沥血来代替墨汁用，并且相继取脑髓代油点燃照明，到脑髓和血都取用尽后，就从怀中的玉管里取出丹药涂在身上，于是又恢复到原来的样子。老子说，应当删繁就简，《道德经》只要五千字就行了。到经写成，二人便不知去向。

这一则神话，倒像是讴歌文化巨人呕心沥血为了人类社会忘我劳动的悲壮诗篇，那两个浮提国的神人，应当是老子的化身。剖心沥血，敲骨取髓，正是文化巨人辛勤劳动的情状。在人身上，血属阴，气属阳。文化巨人的生命是靠信念（气）来支撑和驱动的，文化之花是靠文化巨人的心血滋养出来的。

《法苑珠林》卷二十五记，在很久以前，有个叫最胜的僧人，为了解救众生，不惜生命，剥皮为纸，刺血为墨，取骨作笔，写经救人迷误。这则悲壮激扬的故事，可以为前一则故事作注，说明文化巨人的信念所在。

《文房四谱》引《宋云行记》说，西域的摩休王依照天帝之言，剥皮为纸，打骨作笔，取髓为墨，以写经书。又记，唐朝有个叫楚金的和尚，刺血作墨写《法华经》，笔头上常出现舍利珠光。历史上的宗教大师，多不惜献出生命去追求真理、宣传真理或捍卫真理，是文化史上慷慨悲壮的篇章。

历史终会感激他们为了真理所作出的贡献。明代朱常淓的《述古书法纂》中记，义熙（东晋安帝年号）中，有一和尚译《华严经》，堂下忽变化出一个水池，常有青衣童子从池中出来，帮助和尚洒扫屋室，铺纸研墨。这显然是墨神受了感动，以一种关怀和体贴的方式去帮助写经的和尚，具有典型的中国特色。

《神仙传》记，一个叫班孟的道士，能嚼墨喷在纸上，皆成文字。班孟应当是极有才华的道士。

《文选·东京赋》中的“墨丹缁石”句后注引《孝经·援神契》说，人的德行影响到山川，可以使山陵生出墨丹。这是一个很有意思的说法。如果以墨丹象征文化，而文化正是人格自我完善的产物。文化发达的时期，正是人追求精神完美的时代，到处充满了激励、向上及充实的氛围。在中国古代，德政的重要标志即文风蛊然，文士辈出。《复斋漫录》记，临川王羲之墨池，每当本地有登科者或有官员荣升，便会有墨珠喷出；或墨池之水格外墨亮之时，正是地方向朝廷进献人才之时。

所谓德至于水，也会生出墨色。据说王羲之作过太守的会稽，也有这种现象。

异人常赠墨于有德者。《元池说林》记，北魏才子祖莹少年好学，但不得志，偶遇一异人，赠给一个封好的匣子，嘱咐回家再启开看。回家开匣，见其中有一挺墨，上写着“祖元珍（莹之字），何不怿，兴于学，终于伯；寻为太学博士”。祖莹把这墨当作神物，每日礼拜。后来果然如此，天平（北朝东魏孝静帝年号）初晋爵为伯。

而德薄者则会与墨失之交臂。《墨庄漫录》记，唐僖宗时有进士叫吕公的，能诗，常卖墨于市。挨邻有个姓邵的文士，善谈易，众人请邵氏于佛舍讲《易经》，到《小畜》，这时出现了卖墨人吕公，青巾布衣，撩开帷幕直接进入讲堂。邵氏很讨厌，问：“干什么的?”答道：“卖墨的。因听你讲《小畜》，说法不对。”邵氏忙请上座。吕公脱下鞋子放在桌上，取出一丸墨说：“这挺墨价值十千!”大家都笑了起来。吕公穿上鞋洗了砚便试墨，把墨放在日光下，说：“到了近晚再看，你们就知道十千不算贵了。”邵氏觉得好笑，同时也惊奇。到时一看，砚中沾了墨的地方上下都是黄金。邵氏这才叹悔莫及。

墨一般被看做文才的象征。胸中（或腹中）有墨便是有文才，而这正是文人起码的素质。《清暑笔谈》说：“士大夫胸中无三斗墨，何以运管城。然恐酝酿陈宿，出之无光泽。”有文才是用笔的前提。有文才而不能发挥，文才也会被扼杀。如果文人没有文才或文思，是要遭耻笑或善意的嘲弄，这竟然也会成为朝廷礼仪。《北齐书》载，元旦这天，侍中黄门郎代表朝廷宣读慰问书，对各地进献物品表示感谢。慰问完毕，则散发笔墨给各地前来进献的文士，叫他们书画陈述有关事宜，文中字有脱误者，就叫站起来，立于座位之后；字迹滥劣的，就叫他喝墨汁一升。这表现了一种东方的幽默。《通典》（唐杜佑作）也载：“北齐课试之法。秀（才）孝（廉）各以班草对，字有脱误者，呼起立席后，书育滥劣者，饮墨水一升。”

有文才的文人，天生一种傲骨，耻以世俗为伍。《云仙杂记》中记，一个叫卢杞的文人与一个叫冯盛的文人相遇于道路，二人都各自带有一个口袋。卢杞打开冯盛的口袋，看见里面只有一丸墨，便大笑起来，以为太寒伧。冯盛则严肃地说道："天峰山的松烟墨煤，加上针鱼（不详为何鱼）脑，到了金溪子（隐士的代名）的手里，就可以抄录《离骚》的古本，比每天拿着绫绣文锦的三百张名片奔走权门，甘作名利的奴才，哪个更好呢？"接着打开卢杞的口袋，里面果然是三百张名片。这使得卢杞顿时羞愧不已。

宋代僧人惠洪《冷斋夜话》记，一个叫渊材的文士，奔走于京师权贵门下十余年，权贵无不以礼相待。家中贫穷，衣食不给，写信叫其回家。渊材便跨一驴，身上仅带一口袋，街坊的人见这个样子，都说："渊材虽未做官，但足可使妻儿父老无冻馁了。快把口袋里的东西拿出来大家看看！"打开口袋，其中只有一李廷珪墨，一枝文与可画的竹，一部欧阳修《新五代史》的手稿。渊材喜形于色地对周围的人说："我富可敌国了！"使得街坊都很惊愕。真正的文士，好尚只在文化。

明末的制墨名家吴拭，字去尘，所制书墨与漆名盖当时，人们争相抢购。其墨价值白银三倍（即一两墨，值三两银）。他的亲友多因制墨制漆而富甲天下，而他却因制墨一贫如洗，只因他常倾囊相助贫困亲友及文士相知的，只要是知己，他的墨就算赠送，一文不取。而权贵富豪以高价向他求墨，却不肯，大笑道："不要拿孔方兄（钱的别名）来辱没我的客卿（墨的代称）！"最后他的妻子忍受不了，把他赶出了家门，而死于道路。（事见《康熙徽州府志》）其风度情怀极似宋代的墨仙潘谷。

有才华的文人多不畏强暴，敢于抗衡邪恶之徒。范晔《后汉书·杨璇传》记，杨璇，字玑平，汉灵帝时为零陵太守。当时零陵一带盗贼猖獗，曾以十万之众围攻杨璇所在郡县城，城中只数千兵马，当时吏民震恐。杨璇镇定指挥，顺风放石灰入敌阵，再以奔牛冲锋，十万贼兵土崩瓦解，杨璇身先士卒，陷阵杀敌，敢死之士舍生忘死，城中吏民喊声震天，一时敌军溃不成军，被斩获无数，尽数散去。荆州太守赵凯妒忌，诬奏杨璇未曾临敌，妄贪战功。赵凯得同党相助，以槛车囚杨璇回京，严密看守，使其不得诉事自辩，杨璇便咬破手臂，以血代墨，撕衣作纸，以指作笔，具陈破贼形势，以及赵凯等诬奏，暗托弟子呈递朝廷。灵帝下诏宣布杨璇无罪，赵凯等受诬告罪。杨璇前后所遇，可谓险恶之至，而镇定自若，挥洒热血代墨，智勇刚强，堪为文士英烈。

墨以文化的力量滋养着民族的精神世界，浇灌出一代又一代的文明，人们敬畏如神明，恩礼如亲友。而墨作为一味中药，也起着滋补和生养的作用，令人惊异。

古代的松烟墨，主要是用好松之烟加上牛皮胶、鹿角胶或鱼鳔胶等，以及化胶的药物如梣皮、紫草，再加麝香、龙脑、鱼脑等香料合制而成。在制作过程中，细捣万杵，蒸熏多日，悬室吹晾，可渭汲天地之灵气，涵日月之精华，才成就了金章玉质，作治病良药，并非神话。

《文房四谱》引《本草》说：

> 墨味辛无毒，止血生肌肤，合金疮散。主产后血晕，磨醋服之。主眯目，物芒入目点瞳子。又主血痢及小儿客忤，捣筛和水调服之。好墨之药，粗者不堪。

金疮即创伤，眯目即眼睛进了异物，客忤即急腹症。是墨有滋长补养的作用。《东坡题跋·书徂徕煤墨》中记：

> 徂徕（泰山中之一小山）珠子墨，自然有龙麝气，以水调匀，以刀圭（古药剂量器，即刀头圭角些子）服，能已（止）鬲气，除痰。饮专用此一味。阿胶和之，捣数万杵，即为妙量，不俟余法。

书《出庞安时见遗廷珪墨》记：

吾畜墨多矣，其间数丸云是廷珪造……有人畜此墨再世矣，不幸遇重病，医者庞安时（字安常）愈之，不敢取一钱，独求此（廷珪墨）墨。已而传遗余，求书数幅而已。

是精煤精墨入药之例。元代陆友的《墨史》卷上记：

王彦若云：赵韩王（宋初亲王）从太祖（赵匡胤）至洛，行故宫，见架间一箧（小箱），取视之，皆李氏（廷珪）父子所制墨。皆以赐王，后王之子妇蓐中血，运（命）甚危。医求古墨为药；因取一枚投烈火中，研末酒服，即愈。诸子欲各备产乳之用。乃尽取墨锻而分之。自是李氏墨世益少得。

明代李时珍的《本草纲目》中有专章记述墨的药物作用：

集解：宗奭曰，墨，松之烟也。世有以粟草灰伪为者不可用。须松烟墨方可入药，唯远烟细者为佳，粗者不可用。今高丽国每贡墨于中国，不知何物，合不宜入药。鄜延有石油，其烟甚浓，为墨黑光如漆，不可入药。

李时珍曰，上墨以松烟，用梣皮汁解胶，和造成，或加香药等物。今人多以窑突中墨烟，再以麻油入内，用火烧过造墨，谓之墨烟墨。光虽黑，而非松烟矣。

气味：辛温无毒。

主治：止血生肌肤，合金疮，治产后血晕，崩中卒下血。醋磨服之又止血痢。及小儿客忤，捣筛温水服之。又眯目，物芒入目点摩瞳子上，利小便，通月经，治廱肿。

发明：震亨曰，墨属金而有火，入药甚健，又能止血。

四　断金碎玉，争相夸玩

——谈宋人的墨癖

宋人嗜墨成癖，从文士到民众，莫不皆然，竟蔚然成风。其嗜墨家的奇谈怪论，令人解颐，而奇闻逸事也不胜枚举，是为宋代特有的文化现象。

有宋一朝，一生唯以墨丸为嗜好者不计其数。《王氏谈录》中记，王洙生性爱墨，一天到晚手中只拿着墨锭把玩，桌上、书案、卧榻上到处都摆着墨丸，经常用柔软织物擦拭墨锭，使墨又光又亮，甚至用衣袖、衣襟擦拭。有一次因作文，怕打断思路，没有理睬卖廷珪墨的人，后来却因此叹恨终生。

《春渚纪闻·墨记》中记，晁季（《墨经》的作者）一生无他嗜好，只有看见墨丸才喜形于眉宇。他自己也造墨，其质量不亚于潘谷、陈赡、贺方回等名家。

陆游在《老学庵笔记》中记，他的伯祖父中大夫平生好墨成癖，像李廷珪、张遇以下的各种名墨都有，常置于卧榻，不许人取用。

《东坡题跋》中记，李公择（名常）“见墨辄夺”，相识的人都被他搜抢遍了。有人见他满屋都悬挂着墨，不知他用来干什么（李氏既非善书之人，又不是墨贩子）。李公择在当代也算是有学问有见识的人，竟也嗜墨如此，真是不可思议。东坡先生评道：“此亦通人之一蔽也。”

也有超凡脱俗的墨癖。宋僧人《德洪题跋·跋达道所蓄伶子于文》记：“司马君实（光）无所嗜好，独畜墨数百尔。或以为言，君实曰：‘吾欲子孙知吾所用此物何为也！’（滕）达道之畜书，其亦司马之墨癖也。”司马光是《资治通鉴》作者，也算一位令人肃然起敬的嗜墨家。

宋朝还有几位啜墨汁的瘾君子。

《东坡志林》记：“真松煤远烟（取烟灶中远火之烟），馥然自有龙麝气，初（本）不假二物（龙麝）也。世之嗜者如滕达道、苏浩然、吕行甫，暇日晴暖，研墨水数合，弄笔之余，少啜饮之。蔡君谟嗜茶，老病不能复饮，则把玩而已。看茶、啜墨，亦事之可笑也。”

《东坡题跋》则记：“吕希彦行甫，相门子，行义有过人处。不幸短命死矣。平生好藏墨，士大夫戏之为‘墨癫’。功甫亦与之善，出其所遗墨，作此数字。”

《春渚纪闻·墨记》记述苏浩然说：“支离居士苏澥浩然，所制皆作松纹皴皮，而坚致如玉……神庙朝，高丽人入贡，奏乞浩然墨。诏取其家，浩然止以十笏进呈之。自珍秘盖如此。世人有获其寸许者，如断金碎玉，乃争相夸玩云。”这是一位名墨专家兼悭吝的守墨奴；似乎还很有些国际名声。

《墨记》中还提到一位啜墨的瘾君子叫王迪的，也是一位制墨名

家。“西洛王迪，隐君子也，其墨法止用远烟、鹿胶二物，铣（利）泽出陈赡之右。文潞公常从迪求墨。久之，持烟一奁见公，且请以指按烟，指起烟亦随起。曰‘此烟最轻远者！乃抄烟以汤瀹起揖，对公啜云：‘当自有龙麝气，真烟香也。凡墨入（加）龙麝，皆奇烟香而引蒸湿（引起墨回潮），反为墨病，俗子不知也。’”其制墨风格讲求精纯；啜烟则能知味，非一日之功也；其道理自为宋墨一家。

宋代的嗜墨家有自己天才的领袖，领导着一代嗜墨的风气，使嗜墨不愧为宋代独有的文化奇观。这领袖就是大书法家苏公东坡先生。

苏公，名轼，字子瞻，成都眉山人，因在黄州（今湖北省黄冈）躬耕故军营地数十亩，遂号东坡先生。苏公集众嗜墨家之长，能抢夺，能厚积，能品试，能破家制墨，也能悲天悯人，同病相怜，或凄凉作叹，或旷达睿哲，天真烂漫之态，油然可掬，皆他人所不及。苏公之墨癖，可见宋人嗜墨风气之一斑。

《东坡题跋》记：“余蓄墨数百挺，暇日辄出品试之，终无黑者，其间不过一二可人意。以此知世间佳物自是难得。茶欲其白，墨欲其黑；方求黑时嫌漆白，方求白时嫌雪黑。自是人不会事也。”（《书墨》）苏公之墨不算少数，能合其意者不过一二。这就意味着，苏公还将继续寻求佳墨。这种求美求妙之心表现了不能满足的墨癖精神。

《记李公择惠墨》中记：“李公择惠此墨半丸……云得之高丽使者，其墨鲜光而净，岂减李廷珪父子乎？……君不好书而自论墨拳拳如此，乃知此病吾辈同之。可以一笑！”

《书求墨》中记：“阮生云：‘未知一生当著几量屐。’吾有佳墨七十九，而犹求取不已，迹近愚乎？”知病而病，是真病也。

《避暑录话》作者叶少蕴，名梦得，号石林，绍圣进士，曾记自己嗜墨体会，同东坡如出一辙：“世不留意墨者，多言未有不黑，何足多。较此正不然。黑者正难得，但未尝细别之耳。不论古墨，唯近岁潘谷亲造者黑，它如张谷、陈赡与潘使其徒造，以应人所求者皆不黑也。写字不黑，视之鼋鼋（昏花之貌）然，使人不快。余平生嗜好屏除略尽，唯此物未能忘。数年来乞墨于人，无复如意。”文人之病，或许就在“太留心”上，太留心，则无一物可人意了。

东坡于人于己，常以一笑了之。《书茶墨相反》记：“……茶可于口，墨可于目，蔡君谟老病不能饮（茶），则烹而玩之；吕行甫好藏墨而不能书，则时磨而小啜之。此又可发来者之一笑也。”笑人们不厌于口目之欲，笑自己竟有如此多可笑之事。

《记（司马）温公论茶墨》：“司马温公尝曰：‘茶与墨政（同正）相反，茶欲白，墨欲黑；茶欲重，墨欲轻；茶欲新，墨欲陈。’予曰：‘二物之质诚然。然亦有同者。’公曰谓何。予曰：‘奇茶妙墨皆香，是其同德也；皆坚，是其同操也。譬如贤人君子，妍丑黔皙（同晰）之不同，其德操韫藏实无以异。’公笑，以为是。”温公见其异，苏公得其同，是宋人嗜墨佳话中的风雅之交。

又记：“元祐五年十二月二十六日，醇老、全翁、元之、敦夫、子瞻同游南屏寺，寺僧谦出奇茗如玉雪，适会三衢蔡熙之子瑫出所造墨黑如漆。墨欲其黑，茶欲其白，物转颠倒，未知孰是。大众一笑而去。”黑白之辨竟如此引人发笑，其中含着人情世态的描绘。墨癖至此，则无可加矣。

东坡于嗜墨之心示以笑罗汉之相，于夺人之墨则示以巧取豪夺之相。《记夺鲁直墨》：“黄鲁直学吾书，辄以书名于时，好事者争以精纸妙墨求之。常携古锦囊，满中皆是物也。一日见过，探之得承晏墨半挺，鲁直甚惜之。（东坡）曰：‘群儿贱家鸡嗜野鹜。’遂夺之。此墨是也。元祐四年三月四日。”

嗜墨如此，还要悲天悯人，好像看破了红尘似的。《书李公择墨蔽》记：“李公择见墨辄夺，相知间抄取殆遍。近有人从渠（他）许来云悬墨满室。此亦通人之一蔽也。余尝有诗云：‘非人磨墨墨磨人。’此语殆可凄然云。”苏公只夺好墨，不夺常墨，则笑不分精粗见墨辄夺的疯狂。墨还没用到多少，“墨磨人”却去世了。

又《书石昌言爱墨》：“石昌言蓄廷珪墨，不许人磨，或戏之曰：‘子不磨墨，墨当磨子。’今昌言墓木拱（一捧大）矣，而墨故无恙。可以为好事者戒之。”苏公之悲，在于失去了一嗜墨知音，不是在怪罪嗜墨之过。

以嗜墨为病，病得天真，病得洒脱，病得可歌可泣，不知在对抗什么，也不知在逃避什么，这就是以东坡为代表的宋人的墨癖。

从奇特的嗜墨之风中，出现一位令人瞩目的墨仙，似在情理之中，又出意料之外。

《东坡题跋·书潘谷墨》中记：“卖墨者潘谷，余不识其人，然闻其所为，非市井人也。墨既精妙而价不二。士或不持钱求墨，不计多少与之；此岂徒然者哉？余尝与诗云：‘一朝入海寻李白，空看人间画墨仙。’一日忽取欠墨钱券焚之。饮酒三日，发狂浪走，遂赴井死。人下视之，盖趺坐井中，尚持数珠也。见张元明言如此。”

墨仙潘谷赖苏公之笔千古不朽。其“非市井人”，可知不俗。不为发财而买卖，世人多不理解，而这正是东坡的神交之友。其生不俗，其死也神奇。趺坐，为菩萨打坐相，手持数珠，又似活佛；其烧债券，饮酒发狂，又如仙道之人。东坡诗《赠潘谷》道：

> 潘郎晓踏河阳春，明珠白璧惊市人。那知望拜马蹄下，胸中一斛泥与尘；何似墨潘穿破褐，琅琅翠饼敲玄笏，布衫漆黑手如龟（同皲），未害冰壶贮秋月。世人重耳轻目前，区区张李争媸妍。一朝入海寻李白，空看人间画墨仙。

潘即潘岳，以文才美貌，即所谓“明珠白璧”惊人，但热中利，堂拜马蹄尘埃之下，胸中只有尘与泥，哪里比得上心怀净洁高朗的墨仙潘谷。重耳轻目前，即重耳目之欲，轻事物的本身意义（袭用老子五邑、五味、五音乱人心目之意)，去争辩墨品高下，只有在潘谷去世后，才分明感到墨仙的人品、墨品的价值。画墨仙，即留在画上的墨仙。东坡赞墨仙，正为墨仙画像。

潘谷仙气为人惊异，在其揣囊知墨的故事。宋代邵博《闻见后录》记，一天，黄鲁直取出一个小锦囊（里面装着半丸墨）给潘谷看，潘谷隔着锦囊用手揣摸了一下，就把锦囊放在几案上，倒头便拜，说："这真是天下之宝也!"打开看，的确是李廷珪墨。鲁直又以锦囊盛一墨丸让潘谷摸，潘谷摸后即长叹，"我现在老了，再也做不出这种墨了!"打开看，乃是潘谷二十年前所制之墨。潘谷于墨艺之精妙，的确非墨仙不能如此。

宋代也有对嗜墨不以为然的，但恰恰更突现了嗜墨的盛行。据宋代张邦基的《墨庄漫录》，李清照的父亲李格非便作了一篇叫《破墨癖说》的文章，不但没有破掉墨癖的道理，最后连自己也免不了墨癖之嫌。李氏其文设主客问答。客极力夸赞廷珪墨之可裁纸，置水中不腐，百年可用，一丸抵多丸等，李氏从器物的实际用途方面否定了客人对墨的夸赞，并指出："世之人不考其实用而眩其虚名者多矣，此天下寒弱祸败之所由兆也，吾安可不辩于墨。"李氏没有回答礼拜家传廷珪墨的理由，也没有说明他三十年来只用薛安、潘谷墨的理由，看来好像是故意与嗜墨家为难。李氏把天下兴衰之变也推在世人的嗜墨上，未免是故作惊世之谈。

对时代嗜墨之风造成松林大片消失表示极不满的晁冲之，算得上当时的清醒者。他的《赠僧法一墨》诗中说：

> 黄山之巅百尺松，虬枝偃盖连群峰。山神守护魑魅避，道人剪伐天为容……君不见，玉堂词人紫垣客，拜赐舞蹈黄罗封。长安纸价犹未贵，江南江北山皆童。

黄山之松偃盖群峰，并有山神守护，而道人胆敢砍伐作墨，连天都为之动容。所以黄山有了墨灶之后，景物便阴暗无光了。祸害松树的却是高居庙堂的文人墨客，还不等惊世之作出现，到处的松树就被砍光了。童，即山岭无树的情状。此诗可与《悲剡藤文》同看。

宋人的墨癖，一直影响到元、明、清的文人，为墨作诗、作铭、作记，也应看作足墨癖的继续，只是墨更具人格的特点了。

元代陆友的《墨史》中引宋比玉的话说："笔秃焉退于冢，纸败焉灰于焰，砚毁焉处于瓦砾，唯墨虽残圭断璧，尚犹争宝。且二物同尽，神去形留。墨出于有入于无，至于声臭双泯。盖墨，默仙也。藏者久视，用者尸解（即形体消失）。"神异于墨的来去有无之中，有迹无形，如神仙一般。

明代王士贞的《墨铭》中说："不用耶而惜汝之材暗然而不章，用耶而惜汝之精的然而日亡。汝自以为能立言。汝祖快于摩顶放踵，而老氏之徒以为竟夭其天年。"显然是矛盾彷徨于出处之间。汝祖，指信奉墨子的人。摩顶放踵，见于《孟子·尽心上》，可能为战国成语，似乎是指光头赤脚而劳命奔波的样子。墨氏之徒所崇尚的也是不惜苦乏肌体而救治天下。老氏之徒，指信奉道家学说的人们，这类人多以顺从自然、颐养天年为务，追求所谓的"无用之用"。

后代的墨说，似有助于理解宋人的墨癖。

五　金章玉质，尽艺入微

——墨品杂谈

墨以书写为用，墨迹的光色如何，字迹的牢固程度如何（一是在裱褙中经水浸后字迹模糊与否，二是年久褪色与否），墨汁在书写时会不会滞笔等，是决定墨品高下的主要因素。古人赏墨，也主要在这些方面。至于添加药物香料等，是为发墨色，增强字迹的牢固性，增加香味，同刻饰填金一样，是为把墨装饰得富丽雅致。

早期的墨，多为墨色天然的矿物如氧化锰、煤、涅、石墨等直接研磨后，加上胶漆用竹挺或毛笔蘸着使用，基本上处于天然的状态。所以早期的墨都比较粗糙，用胶也不太讲究，墨丸多成颗粒状（如出土的秦汉遗墨）。颗粒状的墨丸多是天然矿物与烟炱混合而成。而专门的松烟炱用于制墨似乎到了东汉才出现。现存最古老的墨书是春秋末期的“侯马盟书”，是写在玉石圭片上的，其用墨已有烟炱加入，并有较强的附着力。

到后来，用烟炱制墨逐渐占了统治地位，天然矿物便渐次退出书写舞台，并且，烟炱也以取松烟为主。最早的松烟墨恐怕就是《汉官仪》中所记的“隃麋墨”，可惜这种墨没有实物留存，在文献中，“隃麋墨”只是作为古墨的代名词出现，墨工以“隃麋”作为墨的字，也不过是为标榜其墨沿用古法炮制。但汉代的墨用胶还较少，所以汉代文人有“领袖如皂，唇齿皆黑”的形象。

到了魏晋时期，墨的质量大大提高，似乎是在用胶上有所改进，明代麻三衡《墨志》中提及“三国皇象论墨，有胶多黝黑之说”。当时人们多用漆来比拟墨的光色（漆在古代多为黑色，光而亮，黑而有精神）。晋王嘉《拾遗记》中记浮提国神人金壶中的墨汁，即以“淳漆”来比拟。南朝书法家萧子良在《与王僧虔书》中形容三国时韦诞的墨时说：“仲将之墨，一点如漆。”梁代虞和在《论书表》中谈及当时自制书具的名家张永时也说：“又合秘墨，美殊前后，色如点漆。”晋拜皇太子时已有“香墨”之赐。从《齐民要术》的“韦诞合墨方”中，确有香料配方可见。

多胶入墨使墨可以制成用手捏住研磨的墨挺，是墨史上具有革命性的改变，它使文人告别了“领袖如皂，唇齿皆黑”的不雅形象。所谓“色不染手，光可射人”即概括了这种改变。麻三衡《墨志》中记，南朝刘宋元嘉时的墨，一丸可以作二十万字，不仅挺制长大，而且耐磨，是制墨水平极高的标志。

从《云仙杂记》所引书《成老相墨经》和《文房宝饰》可知，唐代已有赏玩墨品的风气。《成老相墨经》中说：

墨纹如履皮，磨之有油晕者，一两可染三万笔。

墨染纸三年不昏者为上。

墨难减者万金不换。丸墨日用之一岁磨减半寸者，万金不换，然至难得。

引《文房宝饰》“养砚墨笔纸”条：

养笔以硫黄酒舒其毫，养纸以芙蓉粉借其色，养砚以文绫盖，贵乎隔尘，养墨以豹皮囊，贵乎远湿。

都用贵重物品保养书具，可知书具在唐人心目的地位。引《大唐龙髓记》中戏墨之事：

楚王灵夔使人造红白二墨为戏，及书写衣服，黑衣用白书，白衣用红书。自成一家。

收藏墨丸，则可知墨已可作收藏品。又记：

许芝有妙墨八厨，巢贼乱（指黄巢起义事），瘗（埋物品）于善和里第。事平取之，墨已不见，唯石莲匣存。

赏玩妙墨的风气可从侧面反映出唐代制墨水平的高度。《春渚纪闻·墨记》中载："近于内省任道源家见数种古墨，皆平生未见。多出御府所赐。其家高者有唐高宗时镇库墨一笏，重二斤许，质坚如玉石。铭曰'永徽二年镇库墨'，而不著墨工名氏。"二斤许的墨，表明用胶、制丸、熏蒸、风干等工艺都达到较高水平。没有制墨的高水平，就没有唐代赏墨的风气。

五代制墨，一方面技艺达到了一个巅峰，另一方面则是开了精鉴之风。以李廷珪为标志的五代制墨水平，达到了后人叹为观止的高峰。在宋代，李廷珪墨是无与伦比的神品。

据宋代王洙的《王氏谈录》，李氏本易水人，原姓奚，因唐末动乱而移居江南，在歙黟一代定居制墨。开始墨的质量还不怎样，后来愈做愈精，为南唐国主赏识，因此得宠，赐以国姓李氏，从此可见李氏墨艺之精。

《文房四谱》记，宋初的徐铉兄弟得到一枚李廷珪墨，长九寸，只有筷子粗细，二人每天写字不下五千，十年才用完这墨。墨磨出的边沿，锋利可以裁纸。可见其墨之精妙。《清异录》记徐氏兄弟拿出一团墨，说可以值三万钱，当时只有廷珪墨才如此昂贵。

廷珪墨应当有与众不同的风貌，不然，潘谷怎么能隔囊摸了一下就分辨出来，并且礼拜如神物。东坡也曾说他一见人家手里的那半丸墨，就知道是廷珪墨。并说，不知者如同分辨乌鸦的雌雄那么难，知者如同分辨乌鸦同天鹅那样容易。（见《东坡题跋·书廷珪墨》）

《珍珠船》记：李后主的廷珪墨、澄心堂纸、龙尾砚三者为天下冠。可知廷珪墨确为天下一绝。

此外，五代制墨还开了精鉴的先河，表现为制墨的非商品化倾向和取名的古雅。

《清异录》记，五代著名画家韩熙载特别用心择取书画用墨，各地的胶墨都不合他心意。于是从歙州请来墨工，在自己的书馆旁起灶作墨，以供日用。并给自己的墨取名为"化松堂墨"，又名"玄中子"或

“麝香月”，都用匣子精心装好。他死后，姬妾、妻子等各自拿走了这些墨。

又记，有个叫景焕的蜀人，博雅好隐，在玉垒山（今四川省都江堰市内）修了一处茅屋住下，寻得上好墨材，只制作了五十团墨，说这就够他享用终身了。墨面印文曰“香璧”，背面篆文曰“副墨子”。

总的说来，五代制墨水平极高。明代汪道贯《墨书》中记，宋人有误坠廷珪墨于水池中，心想这墨泡在水里就不行了，就不再去捞起来。过了一月，这人又掉了一金器于池中。便命会水性的人下去寻找，结果金器捞了出来，先前掉下去的墨也捞了起来。并且，这墨的光色不变，表里如新。人们才知道廷珪墨的确为神品。又《文房四谱》记：“伪蜀有童子某者能诵书，孟氏召入，甚佳其颖悟，遂赐之衣服及墨一丸。后家童误坠盆池中。后数年，重植盆中芰荷，复获之，坚硬光腻仍旧。或云唐僖宗朝所用之墨余者。”墨经水湿不坏，堪称墨中神品。

可惜的是，廷珪墨为有宋朝野挥霍殆尽。至今未见实物。前面记述过廷珪墨被作为药物，宫廷百官用去的不在少数。宋代邵博的《闻见后录》记，当太祖下南唐得李廷珪父子墨及其他俘获物，并不爱惜，一并交与有司籍藏。后建相国寺门楼，诏用黑漆，于是车载斗量供给用墨，用的都是廷珪墨。当然就用得差不多了。到宣和年间，“黄金可得，李氏之墨不可得也”。

宋朝人嗜墨成癖，表明宋朝制墨水平也极高。宋朝的墨分两派，一是多加龙麝助香的，一是不用香料的。墨仙潘谷的属于加香一派。陈师道《后山谈丛》记，潘谷之墨，香彻肌骨，研磨至尽，而香不衰。《墨记》中的王迪是主张不加香料。盖主张加香的，是要突出墨香，所以有的用得特别多。东坡《记李方叔惠墨》中说：“李方叔遗墨二十八丸，皆麝香气袭人。云是元存道曾倅阴平，得麝数十脐，皆尽之于墨。虽近岁贵人造墨，亦未用尔许麝也。”张遇也是香墨一派。不加香料的则以为“真松煤远烟，自有龙麝气”。

宋人以金玉比墨，知所品之墨不同凡俗。一则有如玉石，质地坚密，深沉润泽；二则有如黄金，万劫不坏，身价自高。二者可为理想人品写照，也可作为向往的人生价值。宋人嗜墨如命，似与此有关。

《墨记》曾记，常人有获得苏浩然墨寸许者，便以“断金碎玉，争相夸玩”。又记：“柴珣，国初人，得二李（李廷珪父子）胶法，出潘（谷）张（遇）之上。作玉梭样，铭之曰：‘柴珣东窑者。’士大夫得之，盖金玉比也。”

又记，滕令嘏作嘉禾酒监时，对沈珪特别好，沈珪便尽全力为令嘏作了一丸墨，作成后，准备试墨，忽然失其所在。后来水池淘泥，才发现这块墨，已在水中泡了二年，仍然完好如故。这即是墨有玉质。

《后山谈丛》记，陈唯达所作的一丸墨，与麝香放在同一小箱中，十年后，墨没有染上半点麝香，只有自身的松香。这是墨质肤理坚密如玉的又一例子。

两个例子说明墨不受侵蚀、不受外熏的玉质，是墨品高妙的重要标志。这对于人无疑有极大的魅力。金的重要特色即光亮，并且神采照人。墨迹如此，则价可比黄金了。

东坡《书怀民所遗墨》中说："世人论墨多贵其黑而不取其光。光而不黑固为弃物。若黑而不光，索然无神采，亦复无用。要使光清而不浮，湛湛如小儿目精，乃为佳也。"这是对墨迹光色最中肯的描述。

桐油烟墨在宋代也接近这个水平。《墨记》中记："潭州胡景纯专取桐油烧烟，名'桐花烟'。其制甚坚薄，不为外'饰……每磨砚间'，其光可鉴，画工宝之。以'点目瞳子如点漆'云。"

东坡论墨之色，又有犀象之喻，其《记王晋卿墨》中说："王晋卿遗墨，用黄金丹砂，墨成，价与金等。三衢蔡瑫自烟煤胶外一物不用，特以和剂有法，甚黑而光，殆不减晋卿。胡人谓犀黑暗，象白暗，可以名墨（黑暗），亦可名茶（白暗）。"蔡瑫制墨，凭烟煤自身的质量，以高超的技巧合胶，做成妙墨，有自然的犀象之神采，是妙墨的真境界。

与宋朝制墨成就与嗜墨风气相对应的是有关制墨、品墨的著作出现（都是关于松烟墨），如苏易简的《文房四谱·墨谱》，李孝美的《墨谱法式》（又名《墨苑》或《墨谱》）和晁季的《墨经》等，其他的书跋、笔记等也多有涉及。这些著作与散论，既全面地总结了制墨的工序、工艺，又对宋人嗜墨风气作了有趣的描述。下面引述晁氏《墨经》中有关对墨品试的一些章节，以见一斑。关于墨色：

> 凡墨色紫光为上，黑光次之，青光又次之，白光为下。凡光与色不可废一。以久而不渝者为贵。然忌胶光。古墨多有色无光，以蒸湿败之，非古墨之善者。其有善者暗而不浮，明而

有艳，泽而无渍，是谓紫光。凡以墨比墨，不若以纸比墨。或以研试之，或以指甲试，皆不佳。

关于声音：

凡墨击之以辨其声：醇（同纯）烟之墨其声清响，杂烟之墨其声重浊。若研之以辨其声：细墨之声腻，粗墨之声粗；粗谓之打研，腻谓之入研。

关于轻重：

凡墨不贵轻。旧语曰："煤贵轻，墨贵重。"今世人择墨贵轻（见东坡关于茶墨之辨），甚非。煤粗则轻，煤杂则轻，春胶则轻，伤水则轻，胶为湿败则轻。唯醇烟、胶善、药良时乃重而有体。

关于新故：

凡新墨不及故墨……盖其愈久而坚。（晋卫夫人《笔阵图》中说："墨取庐山之松烟，代郡之鹿胶，十年以上，强如石者。"）且白物久斯变黑，况其本黑之物。煤久而黑，黑而紫。胶久而固，固乃发光彩。此古墨所以重于世。凡新墨不过三夏，殆不堪用。凡故墨胶败者，末（使……粉碎）之新煤再合，殊善（如廷珪四合墨法）。

关于养蓄：

大凡养新墨，纳轻器中，悬风处。每丸以纸封之，恶湿气相搏。不可卧放，卧放多曲。凡蓄故墨亦利频风日（多风天）时以手润泽之。时置于衣袖中弥善（李白《酬张司马赠墨》："黄头奴子双鸦鬟，锦囊养之怀袖间。"）

《墨经》一书，实为墨法的集大成者，为后世制墨、论墨的必读书。

明代麻三衡的《墨志》引杨升庵的话说，元代制墨以朱万初为代表。他取墨材为摧朽之松三百年不坏者，所制烟煤极佳。当时虞文靖评论说：朱万初的墨"沉着而不留迹，轻清而育馀润。其品在郭圮父子（当时的制墨名家）之上"。并赠诗说：

霜雪摧残涧壑非，根深千年斧斤违。
寸心不逐飞烟化，还作玄雪绕紫微。

又引《墨笺》说，南中有个叫杨生的墨匠，不用松烟，只用灯煤制墨，取名为"玉泉墨"。大概是取桐油烟。

关于油烟制墨，据《墨志》，宣和年间宋徽宗以"苏合油"（一种名贵的香精）取烟制墨，价比黄金，被时人叹为一绝。金章宗采取苏合烟为墨，价三倍于黄金（就墨重量而言）。苏合油为外国进贡的名贵香精，数量不多，做墨并无实用价值，麻三衡斥之为"墨妖"。

明清两代制墨名家辈出，是制墨史上的繁荣时期。明清两代的制墨以精鉴型的"集锦墨"为代表。所谓集锦墨，即装饰美观的成套组合墨，以观赏收藏为主要目的，用起来则着实让人舍不得。这种墨，为明代安徽休宁的汪中山创始。一般以几锭十几锭为一套，多的则有几十锭，如他的"御园集锦墨"就多达六十四锭。有的为组诗、组画，或拼镶画屏；图案、造型、名称等皆以古雅为宗旨。或如画卷，或如古钱，或如亭台楼阁……有的像钟、像琴、像镂柱、像虫鱼等等，构思精巧，造型优美，极尽富丽典雅之能事，在墨坛上掀起争奇斗艳的装饰之风。

麻三衡极不以为然，他说："近世吊奇者，日新月异，取古人奇字篆籀、饕餮虫鱼、鸟兽竹木器具，取义象形，千变百出，即皮相之，烂若披锦矣……近代程（君房）方（于鲁）诸家弄墨，猥不足观。虽去尘（吴拭字）亦作耳目近玩。非不髹（涂漆）采可鉴，无益文苑。吾无取焉。假令去尘但合剂成丸，不施文采，虑无有流传者与！"

吴拭，字去尘，是麻三衡最看重的明代制墨家。他说："吴拭和墨，精艺深心，略见施行矣。上方犀璧，殆无愧也与！"他又说，"有吴去尘者，金章玉质，尽艺入微矣！"

麻氏论墨，见识极高。他说："余闻墨有数德：匪石而坚，入水不渍，此似义；浩浩乎小大，无屈尽（用强力销毁）之期，此似仁；入坚节之木，利可裁楮（纸），此似勇；观其光，湛湛如秋水之溢于塘，观其气，氤氲如晓日，此似有道。"把墨品同人品相联系，使墨品具有人的意蕴。

清代制墨以曹素功、汪近圣、汪节庵、胡天柱四大墨家为代表。四人都是安徽人。下面着重介绍曹素功的几套集锦墨，就可以窥见其他三家的风格了。

曹素功的集锦墨精品有"紫玉光""天琛""千秋光""耕织图"等。

紫玉光共三十六锭，分别绘有黄山三十六峰，可以拼合为一副黄山全景图。是一副以御赐题名而制作的套墨，其墨铭说："应运而生，玉浮紫光。名曰隃麋，天下无双。超奚（廷珪原来之姓氏）迈沈（珪），独擅众长。图为黄岳，焕乎文章。芬芳馥郁，密致坚刚。允为世珍，金玉其相。"

天琛（即自然之宝）是一套仿古丛墨。墨铭说："质用天琛，式追喻麋。下迄唐宋，汇成墨史。”根据历代文献中提到的名墨题名，共二十六锭。

千秋光原是吴叔大（艺粟斋前身玄粟斋的主人）的名墨之一，包含三圭、二璧，以代表公、侯、伯、子、男五等爵位。后来曹素功接收了玄粟斋的墨模，继续制造这种套墨。

耕织图是一套大型丛墨，共四十七锭，分装于两个长方形的漆盒里。盒内外装饰极为精工，有描金的双龙戏珠图。第一锭墨为标题墨，有康熙楷书的“御制耕织图诗”字样，背面有龙纹图案。二到二十四为“耕图”，二十五到四十七为“织图”。正面为图，背面刻康熙御制诗。不论制作、包装都极精工富丽。

集锦套墨，可以是收藏把玩的古董，也可作馈赠的礼品，至今在歙黟一带仍然是嫁妆中必不可少的吉祥物。

由于曹素功墨的质量优良，高官贵族、文人画士甚至外国人都向曹素功墨肆买墨或定做专用墨。曹雪芹的祖父曹寅曾定做过“兰亭精英”，刘墉（清乾隆十六年进士，字崇如，号石庵，擅书法，官至体仁阁大学士）定做过“柳汀仙舫”，李鸿章（道光进士，字少荃，官至文华殿大学士）定做过“封爵墨”，日本学者、书画家富冈铁斋定做过“铁斋翁书画宝墨”等等。

现存于上海博物馆的吴天章集锦墨，是康熙年间的实物，共四十九锭，造型各异，有钟、笋、琴、龙柱、古钱等，图案有八卦、落花燕子、麒麟、松鹿、云鹤等，纤毫毕现，涂金填彩，精工华丽，极尽富贵之能事，从中可领会到明清集锦墨的风采。

到清末民初，由于外来文化的影响，煤炭烟（炭素）大量用于制墨，又由于钢笔的出现，制墨家多改锭为汁，一得阁墨汁应运而生。现代文明崇尚便捷的风气，给古老的制墨传统画上了一个有意味的句号，使其只作为古董的身价而得到保留（见民国谢松岱《南学制墨劄记》）。

第三章　纸

一　方絮之体，平滑如砥

——谈古代的造纸

在笔墨纸砚四种书具中，纸是最晚才出现的，而其他三种则几乎是同时出现的。纸，即使在今天，其主要作用也仍然是文字书写的材料，作为语言文字的载体。在中国古代，人们为了寻找适宜的语言文字的载体，曾经作了各种各样的尝试，经历了漫长的岁月，最后终于发现了纸，为文化事业的高度发展创造了必要的条件。

据《尚书·多士》："唯殷先人，有册有典。"册、典即竹简做成的书籍或记事簿，说明早期的文字载体是用竹木做成。而金石、甲骨则作为书写材料的特殊形式，其用途是在镌刻，使文字能长久保存及流传，已经不是日常意义上的书具了。用竹木作文字载体，在我国历史上存在了极长的时间，直到纸出现了近千年后，才依依不舍地退出了文具舞台，并且把书写的形制牢牢地保留在纸的使用中。

简与牍是早期书写的竹木材料。《说文解字》说："简，牒也，从竹间声。"段玉裁注释说："片部曰：牒，札也；木部曰：札，牒也。按，简，竹为之；牍，木为之；牒，札其通语也。"牒，是一种薄窄的长片，一般可书二十来字，可以用绳编串成卷册，成卷册后即叫札。一般用于文章或著述。

牍，《说文解字》说："书版也，从片卖声。"书版是一种平整宽阔的薄木板，多用于记事，如官员手中的记事手板，后演变为笏。官府登记人口、土地的木版叫版籍，也叫户籍。日常通信用的木板长约一汉尺，约为今天的七寸多，称为"尺牍"，凡用木片做成的书写材料都从"片"，如牐、牑、牍、版等。书牍为薄小片则称作"牒"，即近于竹简，可以编串成札，多用于文书或较长的记事档案。总之，牍主要用于日常的事务。

绢帛应用于书写，就比较接近于纸了。有的剪裁或叠成整齐的方幅，有的则卷在木轴上，随书事长短而灵活截取。书写时，用红或黑色墨线画好竖格，如竹简排列状，一行一行地从上到下，再从右到左地书写，一行也是二十余字，仿佛在书写竹简。这种形式还保留在线装书的印制中。而今天的信封、信笺、便笺、字条等，可以看作是牍牒的遗制。

简牍使用起来未免太笨重了。《汉书·刑法志》记，秦始皇亲自处理文牍，“昼断狱，夜理书”，每天要看一石重的简牍。秦一石为一百二十斤，相当于现在的五十多斤。

东方朔上书汉武帝，有三千块竹简，由两个大汉抬进宫，武帝读了两个月，方才读完。（见《史记·滑稽列传》）战国时的惠子出门干谒诸侯，身后跟着五辆车装书，是极有学问的标志。

用绢帛虽然轻便，但太贵重，不便大量书写，一般人也不敢问津。于是，人们不得不寻求轻便、低廉的书写材料。

从“纸”字的造字看，纸的渊源当与丝绵相关。《说文解字》说：“纸，絮笘也。从糸氏声。”段玉裁解释说，笘，是一种在水中捣击丝絮的箦子。纸即漂絮残留在箦子上的薄片。蔡伦造纸也是发源于漂絮，只是到了后来才用树皮、麻头、旧布造纸。所谓漂絮，就是把不能抽丝的茧在水中打烂、洗去胶质，使之成为丝绵。这样，必然要在箦上残留一层丝絮，形成薄片，就成了原始的纸。后来才有专用方箦抄纸的工匠。东汉服虔（公元2世纪人）说：“方絮曰纸，字从系氏。”（《通俗文》）方絮，即把丝絮、棉絮用筛抄成方形的薄片，或使丝絮成为方形薄片的意思。系表示纸的属类，氏表示纸的读音。纸的另一写法——“帋”也体现出它和纺织品的关系。东汉刘熙的《释名》解释纸说：“纸，砥也，谓平滑如砥也。”大概纸被抄成后，还有一道打磨的工序，所以能平滑如磨刀石。但按东汉人的解释，那种用丝絮抄成的薄片，还不能算作真正的纸，只能算作纸的前身，因而这种纸还被列为缣帛一类。

纸的前身还可以追溯到战国时期。《庄子·逍遥游》中记，宋国有世代以“洴澼洸”为职业的。洴澼洸，即漂絮时水中击打丝絮的声音，代指漂絮这一职业。《史记·淮阴侯列传》中的“漂母”，即从事漂絮职业的妇女。

照现代工艺对造纸的理解，造纸原料必须经过强有力的捣击成为浆状，才能使其中的纤维高度“帚化”，即纤维两端碎裂分叉如扫帚状，从而被制成纸张。漂絮显然不能使残留丝絮帚化，只能使残留丝絮积压为薄片，这种薄片还不能用于书写。或许，人们在捣击丝絮时发现，残留的丝絮越细烂，形成的薄片就越坚紧细密。人们便尝试用植物纤维代替丝絮，也用捣击的方法打碎纤维，制成薄片。这样，就向造纸迈出了关键性的一步。最早用来造纸的或许是麻头与旧布。

1957 年 5 月 8 日，在陕西省西安市郊灞桥的一座西汉墓葬中出土的文物里，发现了一沓古纸残片，是垫在一方铜镜下面，纸面呈黄褐色，经揭开后有 88 片，大小不等。此纸不晚于汉武帝刘彻的时代，即公元前 140 年—前 87 年。专家命名为“灞桥纸”。纸为麻质，其中铜钙的含量较高（而古代宣纸、现代新闻纸中则无铜钙元素），表明麻纤维经过石灰的沤制；纸纤维上还残留有石器上的镁、铝、硅等元素，表明麻料经过石器的捶打。

1993 年，我国考古工作者在新疆罗布泊古烽燧亭遗址中发现了一片古纸，麻质，白色，为长方形薄片，四周残缺，质地粗糙，纸面尚有麻筋。同时发现的还有黄龙元年的竹简与纸处于同一层面，可知纸为西汉宣帝刘询时物，在公元前 79 年—前 49 年间。

1973—1974 年，甘肃居延汉代遗址中出土两片西汉纸，原件成团，经修复展平。一片色泽白净，薄而匀，一面平整，一面起毛，质地细密坚韧，其中只含大麻纤维。另一片暗黄色，含麻筋、线头及碎麻布片，较疏松，近似草纸。同时出土的竹简为汉宣帝甘露二年，即公元前52年。表明纸为汉宣帝时的遗物。

以上文物表明，西汉时已广泛采取沤麻、捶麻的方法来获得造纸的原料，并且已经有可以书写的纸张出现，但简牍仍然是主要的书写材料。《汉书·外戚传》记，元延元年（前12年），汉成帝刘骜的宠妃——皇后赵飞燕的妹妹合德——被封为昭仪（宫内女官），想要害死宫女曹伟能，就派人送去一个绿包的小匣子，里面有两张“赫蹏”包着的毒药，上面还写了字，大意说，曹伟能，你努力饮药吧！逼曹伟能自杀。东汉的应劭注，赫蹏“薄小纸也”。文物和文献都表明，可以书写的纸的出现，远在蔡伦之前。

蔡伦并不是纸的发明者，如同蒙恬并不是笔的发明者一样，但他对

造纸肯定是有大功劳的。《后汉书·蔡伦传》记，东汉永元九年（公元97年），蔡伦作为尚方令，主管宫中什物的制作。当时，人们多用竹简写书契、文稿，用于书写的缣帛则叫纸。用竹简书写太笨重，用缣帛又太精贵，都不实用。蔡伦便想法用树皮、麻头、破布造纸，效果极佳。经过八年的努力，元兴元年（公元105年）时，蔡伦把造好的纸献上，深为和帝赏识，诏令推行于天下。当时人们便把用蔡伦造纸法造的纸叫作“蔡侯纸”。

由此可知，蔡伦于造纸的功绩是采用廉价的材料造出了具有实用价值的纸，为纸能够代替简牍迈出了决定性的一步。但蔡伦造纸的工艺未被记载，到了元明时期，才有对于造纸工艺的详细记述。

令人惊奇的是，纸的出现最晚，却同笔墨一道成熟于魏晋时期。主要表现在制纸的工艺、产量及纸的加工等方面，纸的含义从此不再是与绢帛相联系的书写材料了。

魏晋时造纸已经广泛地采用植物纤维。

晋代稽含的《南方草木状》中记，蜜香纸是用一种叫蜜香树的皮和叶制造的，微褐色，上面有鱼卵样的花纹（又名鱼子文，因鱼子纹像霜斑，又名霜斑），有极浓的香味，极坚韧，水浸湿后也不溃烂。太康五年（公元284年），大秦（古罗马帝国）献三万幅，晋武帝把其中的一万幅赐给了镇南大将军当阳侯杜预，叫他写《春秋例释》和《经传集解》进献朝廷，诏书及纸还没送到，杜预就去世了，武帝就命杜预家人将纸收下。

这种纸仅见于以上记述，后世无传。唐代段公路《北户录》记，罗州（今广东省廉江）多“笺香树，身如柜柳，皮堪捣纸，土人号为香皮纸”，不知是不是蜜香纸。

晋王嘉《拾遗记》载，张华写成《博物志》十卷，武帝赐予笔砚纸等名贵书具以示奖励。纸即当时南越所献海苔纸（又名侧理纸或陟釐纸），有万番之多（番，一卷缣帛。称纸，相当于一幅）。海苔纸到隋代还可见，质量还很不错，当时薛道衡有《咏海苔纸》诗：

昔时应春色，引漾泛清流。

今来承玉管，布字改银钩。

墨迹着纸有银钩之意，说明其纸韵墨的效果极好。这种纸到北宋已不可见。《东坡题跋·书海苔纸》说：

昔人以海苔为纸，今无复有。今人以竹为纸，亦古所无有也。

《北堂书钞》引东汉范宁的政令说，土纸不能用于公文，应当用质量较好的葛藤纸。土纸即用麦秸稻秆造的纸，也叫草纸。又引《董巴记》说，生布《破旧布》作纸，叫布纸，麻类作纸叫麻纸，木皮作纸叫榖纸，旧网作纸叫网纸。表明蔡伦后人们寻求各种纤维造纸。《董巴记》中还说，东京蔡伦所造纸叫布纸。布纸，其实是一种旧麻布所造纸。

《文房四谱》记，雷孔璋曾孙穆之，家藏有张华给其祖父的信，用桑根纸书写。

在晋代纸的产量已极高。《北堂书钞》引《语林》说，王羲之作会稽太守时，谢安曾向王要纸。王翻检库中有九万枚，便都给了谢安。

《隋书·经籍志》记，晋初的官书已有三万余册，南朝宋元嘉时有六万四千余卷，梁时在江陵的官书有七万余卷……私人藏书也有逾万的，如张华迁居，其书三十余车。到唐代，“四境之内，唐柳仲郢书万卷，李泌三万轴”。这些都是造纸业发达的结果。

造纸业的发达，必然要解决原料的来源问题。以上提到的除旧布、旧麻等有限原料外，其余的都可从自然界中源源不断地取得，如麦秸稻秆、麻类等。大概六朝时才开始制造藤纸，其时天生的古藤似乎很多。《博物志》记，今浙江省嵊县境内剡溪一带古藤非常丰饶。

《齐民要术》中有种植楮树一节，指出剥取楮皮做纸料，一亩年获利相当于一匹绢。农民剥皮后还要蒸煮、洗净，进行必要的初加工。楮皮造纸，应当是现代意义上宣纸的前身，大约始于东汉末期。

书虫和湿气是纸张的两大敌害，而书虫是最难避免的。避免和防治书虫对纸张的侵害，是和造纸工艺几乎同时出现的问题。晋代是用黄檗汁浸纸以防治书虫，名叫“入潢”，这种纸呈黄色，俗称黄纸，是写书或记录档案的常用纸。据说“入潢”是晋代葛洪发明的。黄檗中含有小叶硷，即黄连素，可以杀灭或避免书虫。现存故宫博物院的晋代陆机的《平复帖》，即是经过了入潢处理的麻纸，距今已一千六百多年了，还完好如初。可见黄檗保护纸张的效力。古时装裱书画多有把纸入潢这道工序，所以装裱也叫作“装潢”。至于防湿的工艺，给纸涂蜡，出现得稍晚些，大概防湿不及防虫来得紧迫，直到唐代才有涂蜡的工艺出现。

晋及南北朝已大量使用色纸。这些色纸的染色有些具有防虫的作用，如造葵笺。调入黄柏花椒等，既可调色，又可防虫。

《东宫旧事》记，晋皇太子初拜，所赐纸为缥、红纸。

《北堂书钞》引《邺中记》说，石虎（后赵太祖，穷嗜极欲，凶暴残忍）诏书用五包纸，让凤凰衔着，从门楼飞下，传达到臣下。表明当时的色纸已很鲜美。又引《桓玄伪事》：“（桓玄）诏令平淮作青赤缥红桃花纸，使极精，令速作之。”桓玄是东晋安帝时太尉，行宰相职。

纸的型号规格也可以衡量造纸的工艺水平。一般说来，纸张愈大，抄取就愈困难。《北堂书钞》引《庾冰与王羲之书》说：“得示连纸一丈，致辞一千……”当时一丈，也当今天的七尺多，也需要极熟练的工人和极协调的多人配合才能抄取。这种多半用作书画纸。一般人所用纸，也同现在的稿笺纸差不多。《文房四谱》记：“晋令诸作纸，大纸一尺三分，长一尺八分，听参作一尺四寸；小纸广九寸五分，长一尺四寸。”是实用的规格。

造纸工艺的改善，其产量大幅度提高，纸的加工也趋于成熟，就意味着竹简木牍行将退出书具的舞台，原来笨重不方便的书写工具如竹简、缣帛反而被人们留恋了。在魏晋之时，用绢素、竹简反而成为时髦。

《北堂书钞》引《三辅决录》说，蔡邕非流纨素不妄下笔。引《崔瑗（东汉末人）与葛元甫书》说：“今遣送《许忆》十卷，贫不及素，但以纸耳。”如果有钱，崔瑗是不会用纸来写书的。又引《虞预表》说，“祕府（国家库房）中有布纸二万余枚，不任（能、胜）写御书。而无所给，愚欲请四百枚付著作书史写起居注。”布纸即旧麻布纸，算是好纸了，还不能用来写御书，或许纸还不能算珍贵的书写材料。表示有礼仪意味的郑重书写，也许还得使用缣帛或简牍。在东晋末，或许还有不少用简牍作公文的事。《文房四谱》引桓玄的令说：“古无纸，故用简，非主于恭。今诸用简者，宜以黄纸代之。”可推知，大约东晋末，由于行政命令，简牍才开始退出书具的行列。

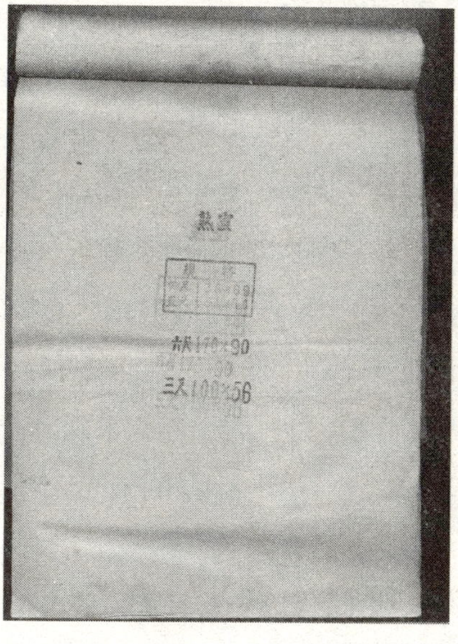

竹简在唐代仍有使用，只不再用于日常书写。宋代叶梦得《石林燕语》记，唐代中书制诏诰用四种书写材料，“封拜册书用简，以竹为之。画纸而施行者曰发，曰敕，用黄麻纸。承旨而行者口敕牒，用黄藤纸。赦书皆用绢黄纸。始自贞观间”。从竹简的使用场合看，其地位仍然高于书纸。而且在初唐，人们似乎也不大愿意用黄纸（即经黄檗汁浸过的纸），于是又有行政命令。《文房四谱》引唐高宗上元二年诏说：“诏敕施行既为永式（即长久的规范），比（普遍）用白纸，多用虫蠹。宜令今居尚书省领下诸司州县，宜并用黄纸。”

但汗青作为竹简的代名词，代表典籍、史册，在文献中却不乏使用。怕是出于对简册不朽的感受吧。如文天祥的“人生自古谁无死，留取丹心照汗青”（两句以“易朽”和“不朽”意对，风骨凛然）。纸张虽说经过高妙的工艺制造和特别的处理，可以留存千年以上，但必须在特定的环境；而沧桑之变纸张比竹简还是容易毁坏些。人们对简牍的不舍，至少可以表明人们对文化价值的意识，从而体现出一种文化精神：即使简牍不用了，但名字与形式仍被保留，这就叫作依依不舍。

二　剡藤蜀茧照松烟

——纸品杂说

纸以坚紧、柔韧、光洁、韵墨而有使用价值，以古朴、馨香、美艳而有观赏或收藏价值。纸匠为实现这两种价值而苦心经营，造出品格各异的纸张，收藏家则陶醉于这两种价值的文化意蕴而流连忘返，精妙的纸则是文人画士赏心悦目而可以自由挥洒的天地。

较早期的名纸，如蔡侯纸、左伯纸，又如蜜香纸、蚕茧纸（王羲之《兰亭序》用纸）、海苔纸、葛藤纸等，多无实物留存，仅见于文献记载。

左伯，字子邑，东汉末魏国人，其纸与韦诞墨、张芝笔同为当时文具的三绝。生平不见书传。其纸仅见齐萧子良与王僧虔信中说：“子邑之纸，妍妙辉光。”

张永，《南史》有传，仅知其纸墨为当时一绝，为国主所叹。

稽含的《南方草木状》中所记“蜜香纸”，从材料和性能看，堪称纸中佳品。但文中不记产地、工匠，使人弄不清这纸是当时南方所造呢，还是仅见于大秦国所献？如果当时的大秦即能造这样好的纸，欧洲的造纸就不是从中国传去的。考晋史，大秦使者确实在太康五年访问过中国并参见了晋武帝，此事于世界科技史有极大关系，有待专家学者考证。

东晋时有一种叫蚕茧纸的纸也很让人费解。自《世说新语·佚文》中提到王羲之用“鼠须笔、蚕茧纸”写《兰亭序》，后世即不断有“蚕茧纸”的记录，几乎所有罗列纸品的都有这一条，就是没有相关的描述或评论，所以到宋代人们就很茫然了，著名的“金粟山藏经纸”，据载为蚕茧硬黄纸，但据对现存的有关此种藏经纸的文献报道，仅有照片，未见记载。以下资料，供博识者参考。

《世说新语·佚文》：“王羲之书《兰亭序》用蚕茧纸、鼠须笔，遒媚劲健，绝代更无。”

《国史补》：“纸则有越之剡藤、苔笺；蜀之麻面、屑末、滑石、金花、长麻、鱼子、十色笺；扬之六合笺；韶之竹笺；蒲之白蒲、重抄；临川之滑薄；又宋亳间有织成界道绢素，谓之朱丝栏、乌丝栏；又有茧纸。”

《新唐书·日本传》：“建中元年，使者真人兴能献方物。兴能善书，其纸似茧而泽。人莫识。”

《文房四谱》：“（造纸）蜀人以麻，闽人以嫩竹，北人以桑皮，楚人以楮，海人以苔，剡溪以藤，吴人以茧，浙人以麦面稻秆。”

又记：“羲之永和九年，制《兰亭序》，乘乐兴而书，用蚕茧纸、鼠须笔，遒媚劲健，绝代更无。（唐）太宗后得之，及玉华宫大渐，语高宗曰：‘吾有一事，汝从之，方展孝道。’高宗涕泣引耳听，言‘得《兰亭序》陪葬，吾无恨矣！’”

《遵生八笺·论纸》：“高丽有绵茧纸，色白如绫，坚韧如帛，用以书写，发墨可爱。”

《齐东野语》：“而书之所谓茧纸者，以茧为纸也。”

《金粟笺说》：“潘泽民《金粟寺记》，寺先有宋藏数千轴，皆硬黄复茧。后人剥取为装赙用，零落不存；世所传金粟山藏经纸是也。或云唐藏矣。”

引《金粟寺志》：“藏经茧纸硬黄，笔法精妙，其墨黝黑如漆。每幅有小红印曰：‘金粟山藏经纸。计六百函。宋熙宁十年丁巳。写造大藏。赐紫思恭志。’今存仅百余幅。”

引《海盐县图经》：“金粟寺有藏经千轴，用硬黄茧纸，内外皆蜡，摩光莹，以红丝栏界之。书法端楷而肥，卷卷如出一手，墨光黝泽，如髹漆可鉴。纸背每幅有小红印文曰：‘金粟山藏经纸。’后好事者剥取为装潢之用，称为宋笺，遍行宇内，所存无几。有言此纸当是唐藏。盖以其制测之。然据董谷，以为纸上间有‘元丰年号’，则其为宋藏无疑矣。”

《周嘉胄装潢志》：“余装卷以金粟笺，白芨糊，永不脱，极雅致。”

《文物》1959 年一期所载石谷风《谈宋代以前的造纸术》一文说：“宋朝的藏经纸，仍继承唐朝硬黄纸的制法，最著名的是海盐（今海宁）县金粟山藏经纸。这种纸纸性坚韧，内外加蜡砑光，表面细腻，无帘纹，纸的正背两面，每幅都有‘金粟山藏经纸’小印。在卷了首尾都注明该卷用纸数字。可见金粟山藏经纸在当时就是很珍贵的。此纸造于宋熙宁至元祐时期（公元 1068—1094 年），纸坊设在苏州承天寺，以丝茧为主要原料（图五就是海盐金粟山广惠禅院大藏，用十五张金粟山藏经纸写成）。”

因按现代的造纸工艺，丝茧不能按植物纤维的方法造纸，一由于其不能“帚化”，二由于其上无氢键。既然金粟山藏经纸确为茧纸，应当从其遗物解开其造作工艺之谜团，于现代造纸业是会有好处的，也能说明王羲之用茧纸写《兰亭序》并非神话。

六朝时用色纸，不止在于美观，主要是表明内容或等级制度，多为诏敕章表书用。

《文房四谱》引《山简表》说：“臣父故侍中司徒（山）涛，奉先帝手笔青纸诏。”青纸似为君答臣的书用纸。引《京邦记》：“东宫臣上疏用白纸，太子答用青纸。”太子是未来的国君，其日用制度大体同于国君。引《徐邈与王珉书》：“东宫臣既用黄纸奉表于天朝，则宜白纸，上疏于储宫（王族），或说白纸称表。吾谓无此体。”引《御史故事》：“按弹奏白简为重，黄纸为轻。今一律白纸，无甚差降（差别）矣。”黄白二色，较为郑重，故可用作弹奏。五色纸艳丽富贵，则有用作诏书。石虎尚奢侈，以凤凰衔五色诏书，飞下端门。凤凰，或为一种家养彩鸟。陈后主叫后宫妇人裁彩笺作五言诗，大概为诗笺之祖，开了“薛涛笺”先河。

金银装饰纸或彩笺，可以更加富丽堂皇，可为朝廷渲染威仪。《丹阳记》（《古今图书集成》）载：“江宁县有银纸官署，齐高帝造纸之所也。尝造银光纸赐王僧虔。一云‘凝光’。”王僧虔为齐代著名书法家，而齐太祖的书法也不错，王氏常以败笔书写，以见容于太祖。太祖一次非要王氏评价他二人的书法如何（或许有找岔子的意思），王僧虔便说：“陛下书为帝王第一，臣书为臣中第一。”得到了太祖激赏，所以有银光纸之赠。

元代鲜于枢《笺纸谱》中记：“唐初官诰亦用销金笺及凤凰纸书之，余皆鱼笺花笺。”又记：“玄宗命李龟年持金花笺宣李白进《清平调》。”用金饰以增富丽堂皇。

没染色加工的纸叫“素纸”，是文士最常用的纸。《北堂书钞》引张抗诗说：

昔吾好典籍，下帷幕董氏。
吟咏仿余风，染轴舒素纸。

染轴即写书。素纸亦有其风采。梁简文帝《咏纸》诗：

皎白犹胜雪，方正若布棋。
宣情且记事，宁同鱼网时。

所咏纸大概为旧渔网制成。旧渔网又破又脏，制成的纸却“皎白犹胜雪”，方正可爱，不得不咏叹。

唐朝五代用纸以剡藤纸和蜀纸为贵。

唐代李肇的《国史补》中记载当时造纸的情况，首列“越之剡藤”，次列“蜀之麻面、屑末、滑石、金花、长麻、鱼子、十色笺”，正能体现当时纸品的排名。

剡藤纸，即以剡溪野生的葛藤为原料制造的纸。剡溪，在今天的浙江省嵊县南。张华的《博物志》中记“剡溪古藤甚多”。大概是把剡溪古藤作为造纸原料而记录入书的。又，东晋范宁的政令“土纸不可作文书，皆令用葛藤纸”。说明葛藤纸的制造，早在两晋时期。《唐六典·户部》中记：“衢婺二州贡藤纸。”唐代的衢、婺二州都在今天的浙江省，衢州为衢州市，婺州为金华市。唐舒元舆《悲剡藤》文记：“异日过数十百郡，洎东洛西雍、历见书文者，皆以剡纸相夸。”康熙年间的《浙江志书》中记：“藤纸出嵊。”又记：“剡硾出嵊。”

李肇的《翰林志》记，凡赐予、征召、宣索、处分、用白藤纸；凡太清宫、道观的荐告词文，用青藤纸；敕旨，论事，敕及敕牒，用黄藤纸。藤纸为有唐一代官方的指定用纸。士人也以能用藤纸为荣。崔道融（唐诗人）《谢朱常侍寄贶剡纸》：

百幅轻明雪未融，薛家凡纸漫深红。
不应点染闲言语，留记将军盖世功。

雪，莹洁、白净而润泽，用来比拟剡纸，可知剡纸质量之高，有名的薛涛笺比起来都显得平凡了。因剡纸为官方用纸，用来写诗词歌赋等所谓的“闲言语”就太可惜了，拿来记取将军（朱常侍）的盖世功才相称。用剡纸可以代表一种不凡的身份，因此文士有向人乞求剡纸的。顾况《剡纸歌》：

剡溪剡纸生剡藤，喷水捣为蕉叶稜。
欲写金人金口偈，寄与山阴山里僧。
手把山中紫萝笔，思量点画龙蛇书。
正是垂头搨翼时，不免向君求此物。

金人金口偈即佛经。垂头搨翼，指自己的极不得志，大概是仕途波折。诗中之君，很可能是一位做官的朋友，因为剡纸为官方用纸，所以诗人有求。

剡纸的品格，诗人多以雪月比拟，可见其光洁、明莹和润泽。前引崔道融诗中以“雪未融”比，晚唐诗人皮日休《二游诗》之一《徐诗》道：

宣毫利若风，剡纸光与月。

宋陶穀《清异录》记：“先君畜乐天墨迹，背之右角有方长小黄印文曰：‘剡溪小等月面松纹纸。臣彦古等上。’”从“等月面”可知其质地高妙如何。又见明代陈端《以剡笺寄赠陈待诏》：

云母光笼玉楮温，得来元自剡溪喷。
清涵天姥峰头雪，润带金庭谷口云。
九万未充王内史，百番聊赠杜参军。

从知醉里纵横墨，不到羊欣白练裙。

诗中五句用王羲之赠谢安九万笺纸事，含蓄表明自己不能给很多纸，以示歉意。杜参军即唐代杜暹。《唐书·杜暹传》记：“暹补婺州参军，秩（任）满归，吏以纸万番赆之。暹为受百番。众叹曰：‘昔清吏受一大钱，何异哉？’”王、杜二人所在俱为剡纸产地，故用杜暹事委婉劝待诏收下。羊欣，晋宋间泰山人，字敬元。善书，书学王献之。入宋，曾任新安太守，也是在藤纸产地。

雪月风云是古人比拟清新之物，用以比喻剡纸，可助人领略剡纸风采。

但剡藤纸自唐以后渐次消失，至今尚无实物可见。原因即在造纸时对剡藤的需求无度，造成剡藤的绝迹。在晚唐，剡藤已开始大片死亡。舒元舆的《悲剡藤文》记，当时的剡溪，连绵四五百里，古藤遮天蔽日，但到了春天，其他的植物都生机勃勃了，独有这些古藤还了无活气。作者便去询问当地的居民，说是由于纸匠斩伐无度，造成了古藤的大片死亡。舒氏由此想到：

异日过数十百郡，洎东洛西雍，历见书文者皆以剡纸相夸。予窃哀见剡藤之死，职正由此。过固不在纸工。

大概在中国历代王朝，统治者提倡什么，世俗就时髦什么，统治者喜欢什么，世俗便争相夸玩。其实文人好用剡纸，背后仍是统治者意愿所在。作者叹道：

藤生有涯而错为文者无涯。无涯之损物不直于剡藤而已。余所以取剡藤以寄其悲。

无涯即无度，是损物的根本原因。所谓损物，宜理解为破坏生态平衡；而生态平衡，应当包括自然和精神两个方面。“不直剡藤”似有这个意思。无论是社会、环境或个人的遭损害，都可以在无度中找到原因。剡纸的消失，应当给人留下“不直（只）剡藤”的思考或历史教训。

唐代的益州，即蜀地成都，是唐代造纸的另一中心。益州的麻纸，是直承蔡伦造纸法制造出来的纸，是唐代书册及公文的主要用纸。其麻纸分三种颜色：白麻纸、黄麻纸、五色麻纸。《唐书·艺文志》载，集贤书院的学士，每月由太府供给蜀郡麻纸五千番。《云仙杂记》中说，贞观年间，唐太宗诏用麻纸写敕。又，前面引用的高宗以为白麻纸容易被虫蠹，就由尚书省下令，各州县一律用黄麻纸书写公文。《唐书·经籍志》载，唐玄宗时，西京长安，东都洛阳抄写经、史、子、集四库书籍，共十万多册，全部使用益州的麻纸。以上表明，蜀地麻纸不仅从质量上而且从数量上都可以满足唐代社会日益增长的文化需求。

麻纸，即以麻、旧布等为原料制造的纸。这种纸洁白、平滑、紧密、坚韧，并且韵墨性好，经得水的浸渍。如果经过入潢的处理，则是传世书画，抄写经书、档案的理想材料。而蜀地的麻纸特别的好，最普遍的看法是成都一带的水质特别适宜制造这种纸。

《东坡题跋·书六合麻纸》中说，成都浣花溪的水质清明滑爽，是一般的水所不及的。用它来沤麻及楮皮，制作的笺纸坚紧洁白，令人喜爱。但浣花溪十里之外的水造纸就不行了，可知的确是水的作用。扬州有一处山冈叫蜀冈，山上有一寺，叫大明寺，寺中有一井，知水味的人都说这井与蜀水相似。冈的西面至六合冈的水发源为溪水，两岸人家用此水造纸，与蜀地所造的纸差不多；最近愈造愈好，数十年后，与蜀纸相比，当可乱真。

元代的费著在他的《蜀笺谱》中总结了四个方面的原因，最后才是水的原因。费氏认为：“蜀中乃尽用蔡伦法……杂以旧布，破履、乱麻为之，唯经屑、表光非乱麻不用。于是造纸者庙以祀蔡伦矣。庙在大东门雪峰院（成都旧地名），虽不甚壮丽，每遇岁时祭祀，香火累累不绝，示不忘本也。恩足以及数十百家，虽千载，犹不忘如此。”这是一。

其次，费氏以为：“易以西南为坤位，而吾蜀西南。重厚不浮，此坤之性也。故物生于蜀者视他方为重厚，凡纸亦然。此地之宜也。”

再次，“锦江（在成都）水濯锦益鲜明，故谓之锦江。以浣花潭水造纸故佳，其亦水之宜矣”。

最后，“江旁凿臼为碓，上下相接。凡造纸之物，必杵之使烂，涤之使洁，然后随其广狭长短之例以造”。

蜀纸的种类繁多，可以适应各种用途，是蜀纸受欢迎的重要原因。《国史补》中记：“蜀之麻面、屑末、滑石、金花、长麻、鱼子、十色笺。”是产纸品类最多的，在唐代为其他产地所不及。《蜀笺谱》中记，蜀中“笺纸有玉板、有贡余、有经屑、有表光”。大概其中玉版纸是蜀中最有名的，即使在现在，四川书画纸也以洁白如玉冠于全国，书画中人戏称蜀纸为“白娘子”，可见蜀纸之特色。或许和蜀江之水的独特有关。在唐代，蜀地的彩笺最引文士注目。鲍溶《寄王璠侍御求蜀笺》中道：

蜀川笺纸彩云初，闻说王家最有余。
野客思将池上学，石楠红叶不堪书。

彩云初，即朝霞，可以想见蜀纸之美艳。因蜀纸宜墨，故有“池上学”之话。因王待御家中有蜀纸，故有求。韩浦《寄弟洎蜀笺》中道：

十样蛮笺出益州，寄来新自浣溪头。
老兄得此全无用，助尔添修五凤楼。

十样，表示蜀笺的多种多样；浣溪即浣花溪，在成都；老兄，韩浦自称。五凤楼，梁太祖建于洛阳，望去如五凤翔于空中，去地百丈。韩浦弟韩洎，善为古文，很看不起兄长韩浦的文笔，曾说，兄长作文，如修茅舍，绳枢瓮牖，粗陋之甚，而他作文，如修造五凤楼台，粲然可观。故韩浦诗中有后两句，诙谐风趣，对弟之才由衷叹服。诗以浣溪蜀笺为贵。施肩吾《酬周秀才》诗中写道：

三展蜀笺皆郢曲，我心珍重甚琼瑶。

应缘水府神龙睡，偷得鲛人五色绡。

郢曲，即楚地之曲，在郢则为阳春白雪，形容蜀笺的高雅。琼瑶，即美玉，极言其珍重。后二句说蜀笺之美，仿佛得自神仙府地。水府即龙宫。鲛人，传说中的鱼人，所着五色绡衣，美艳之极。这里用来比拟蜀笺的美丽。

《文房四谱》记："蜀人造十色笺，凡十幅为一搨，每幅之尾，必以竹夹夹之，和十色水逐搨以染。当染之际，弃置捶埋，堆盈左右，不胜其委顿。逮干，则光彩相宜，不可名也。然逐幅于方版之上砑之，则隐起花木麟鸾，千状万态。又以细布，先以面浆胶令劲挺，隐出其文者，谓之'鱼子笺'，又谓之'罗笺'。今剡溪亦有焉。亦有作败面糊，和以五色，以纸曳过，令沾濡，流离可爱，谓之'流沙笺'。亦有煮皂筴子膏，并巴豆油，傅于水面，能点墨或丹青于上，以姜搵之散，以狸须拂头垢引之则聚，然后画之为人物，砑之为云霞，及鸷鸟翎羽之状，繁缛可爱。"其工艺多出人意表，可叹为观止。

蜀笺中被传为千古佳话的是薛涛笺。薛涛，字洪度，唐宪宗时人。老家长安，随其父薛郧任官入蜀。父亲去世后，随母亲寓居成都。涛成人后，能诗书，习音律。由于家贫，沦为军营艺妓。有诗名，多与文人雅士交往。韦皋镇蜀时，召令侍酒赋诗，甚得韦皋赏识，称之为"女校

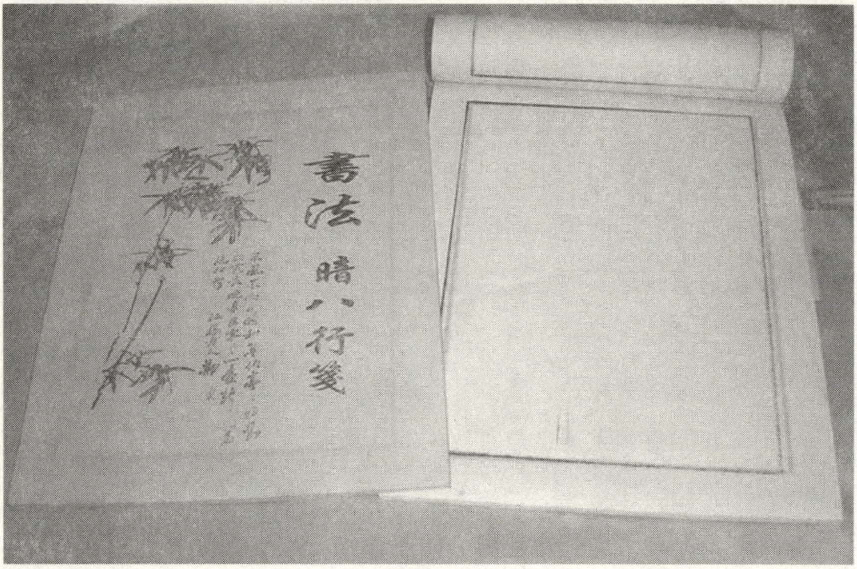

书”。涛出入镇蜀长官幕府，从韦皋到李德裕共十一镇，与元稹、白居易、张籍、杜牧、张祜、刘禹锡、裴度等二十余位著名诗人有唱和之交。涛晚年住成都百花潭，亲自制作一种深红色的小幅笺纸，专供文人雅士写诗作赋用，雅致可观，时人称之为“薛涛笺”。后又住碧鸡坊直至去世，卒年73岁（据费著《蜀笺谱》）。当时（大和年间）镇蜀长官段文昌亲撰其墓志，其题额说：“西川校书薛洪度之墓。”

元代费著《蜀笺谱》中说，薛涛所制诗笺别样深红。眼下（元代）流行的“彤霞笺”，大概就像薛涛诗笺的颜色。用“彤霞”命名笺纸，可以想见其色之艳美，明代宋应星《天工开物》中说，薛涛笺“其美在色，不在质料”。其实，薛涛笺真美在名，颜色次之，质料更次之。李商隐诗《送崔珏往西川》：

浣花笺纸桃花色，好好题诗咏玉钩。

玉钩，原是汉桓帝永兴二年夜舍光禄勋府所得的吉祥之物（见

《宋书·祥瑞志》)，这里或许指一钩明月。“好好题诗”，是望崔氏珍重薛涛诗笺，不仅其色美若桃花，其名也重于当世，诗中可见一斑。后代咏薛涛诗很多，略举两首。晚唐韦庄《乞彩笺歌》，专咏薛涛及其诗笺：

浣花溪上如花客，绿暗红藏人不识。
留得溪头瑟瑟波，泼成纸上猩猩色。
手把金刀擘彩云，有时剪破秋天碧。
不使红霓段段飞，一时驱上丹霞壁。
蜀客才多染不供，卓文醉后开无力。
孔雀衔来向日飞，翩翩压折黄金翼。
我有歌诗一千首，磨砻山岳罗星斗。
开卷长疑雷电惊，挥毫只怕龙蛇走。
班班布在时人口，满袖松花都未有。
人间无处买烟霞，须知得自神仙手。
也知价重连城璧，一纸万金犹不惜。
薛涛昨夜梦中来，殷勤劝向君边觅。

诗中极力夸赞薛涛笺之美，又极言其名重，赞美薛涛笺。有从情感追怀薛其人的。明代丘吉《与唐唯勤索纸》：

渔网无功补蔡侯，蜀江不洗薛涛愁。
教儿昨日缮诗稿，书破芭蕉数幅秋。

薛涛之愁，大概在于身世的卑微，而才情却卓越一时，好像是造物的恶作剧。人们以其名命纸，怕是出于深切的纪念。据《蜀笺谱》，以人名命纸的还有“谢公笺”。谢公，名景初，字师厚，宋人，开创一种笺样，以便公文书信；又创十色笺，有深红、粉红、杏红、明黄、深青、浅青、深绿、浅绿、铜绿、浅云十色。后人称之为“谢公笺”。

宋代名重一时的纸是五代南唐后主李煜所造的“澄心堂纸”。

澄心堂，即南唐烈祖李昪坐镇金陵时的闲居之处。后主当作藏书和保管纸张用。又从四川请来纸工，仿照蜀纸制造出一种品质优良的纸，命名为“澄心堂纸”。《蜀笺谱》记，李后主造澄心堂纸，光润细薄为一时之甲。澄心堂纸与李廷珪墨、龙尾砚在当时号为三绝。南唐距北宋不远，澄心堂纸故能在北宋流行。欧阳修写《新五代史》书稿，用的即澄心堂纸。后来欧氏赠送了一些给梅尧臣，梅氏作诗回谢道：

江南李氏有国日，百金不许市一枚。
当时国破何所有，帑藏空竭生莓苔。
但存图书及此纸，弃置大屋墙角堆。
幅狭不堪作诏令，聊备粗使供鸾台。

李后主醉心文学，于民族的文化事业或许有所裨益，但却以玩物失国。鸾台，即门下省的别称（唐武后光宅元年，改门下省为鸾台）。陈师道《从寇生求茶纸》诗，大概可见澄心堂纸风采：

南朝官纸女儿肤，玉版云英总不如。
乞与此翁元不称，他年留待大苏书。

女儿，即少女。玉版，楮纸中以洁白光滑著称的一种；云英，印有暗纹的笺纸，极古雅。师道是苏门弟子，求纸孝敬老师，当然应该是择最好的。东坡《次韵宋肇惠澄心堂纸二首》，极言其纸的珍贵：

诗老囊空一不留，百番曾作百金收。

知君也要雕肝肾，分我江南数斛愁。

君家家学陋相如，宜与诸儒论石渠。

古纸无多且分我，自应给札奏新书。

东坡对宋肇倾囊买纸赠送表示感谢，可看出纸之昂贵。又赞宋肇学识高妙，本应用此种纸著书立说，却因赠纸而自寻写书的纸张。以歉意代谢意。宋肇为极有才华的诗人，所以能如此倾心于东坡。

李后主用纸极讲究。《文房四谱》记，江南李主每当择取士人完毕，即将放榜，总要给会府（国库）纸一张，约长二丈，有几层缯帛那么厚，书写合格举子的姓名于上。每次放榜，纸匠们便相互庆贺，因为放榜等于替他们的产品作宣传广告。作者（苏易简）出使江东，见澄心堂颓坏的楼上，还有千余幅这种放榜的用纸。明代陈继儒的《妮古录》中记，李氏有一种纸，长二丈许，光泽细腻，前后相传了四代。有一次，李氏叫著名书法家赵文敏用这种纸来写些什么，文敏不敢落笔，只在纸笔上写了一行字。这纸大约是那种放榜用纸。这种纸也无实物留存，大约在明代已不可见。

最终能成为中国书画纸的代名词的还是安徽一带出产的宣纸。

宣纸是从其产地宣州得名，大约始于唐代。《唐六典·户部》中列举了各种各样的纸，按纸的原料列举了楮纸、藤纸、桑皮纸、海苔纸、草纸等，按产地列举了蜀纸、峡纸、剡纸、宣纸、歙纸等，按用途列举了笺纸、窗纸、印纸、火纸等，宣纸在唐代大概主要用于书法或绘画。唐代张彦远《历代名画记》中说，江东地气湿润而少尘埃，人们多喜好精妙工艺。那些喜欢书画的人，常用宣纸百幅，用蜡涂抹（以增加纸的透明度和防水性能），来摹拓名画，颇为肖似，不失原作笔意或神韵；官府中有“御拓本”，又叫“官拓”本。从唐代到清代，宣州一直是进贡纸张的大户。《新唐书·地理志》记，宣州土贡有纸、有笔。《天一阁明代方志·弘治徽州府志》记，在宋代，仅七色纸一项即每年一百四十四万多张，由徽州进贡。宣州在唐宋地域宽广，所属有泾县、宣城、南陵、宁国、旌德、太平等。即使不是宣州所属的广德、郎溪制造的纸也叫宣纸（见《宣城县志》）。到明清，凡是安徽一带出产的纸都叫作宣纸。

其实，宣纸的正宗产地只是泾县的小岭、曹溪一带，并非在宣城等地。据中共泾县县委办公室编的《宣纸》中载《泾川小岭曹氏族谱》记，宋朝末年，有个叫曹大三的人，为躲避动乱，携家从南陵（今安徽省南陵县）的虬川迁往泾县（今泾县）的小岭十三宅（今十三坑）。曹氏见此地耕地很少，而遍地青檀树，并有溪流清漾，于是选择了造纸作为生计。他取徽纸、歙纸、池纸、宣纸之长，制造出独具一格的宣纸，并将技术代代相传。现在泾县的纸工，多为曹氏后人。

泾县当地有一种传说，说古代有一个叫孔丹的纸工，为了解决纸浆的漂白而费尽心机，一日徘徊于山沟，忽然觉得眼前一片明亮如雪色，仔细一看，原来是溪沟里大量的青檀树的树皮沤得雪白，因此悟得了纸浆漂白的道理，从而造出了不同凡响的宣纸。

宣纸所以能在全国各种名纸中独树一帜，最后成为中国书画纸的代名词，关键在于安徽得天独厚的自然环境。

其一，独一无二的青檀树及适宜青檀树生长的环境。青檀树，极似楮树，但它的造纸性能均优于楮树，还有当地沙田所产稻草，是宣纸原料中不可缺少的配方。

其二，优良的水质。祝穆的《方舆胜览》中记："歙县、绩溪界有地名龙须者，纸出其间。大抵新安江水（发源于皖南山区）清澈见底，故纸如玉雪者，水色所为也。"据现代技术的分析，新安江水透明度在百分之九十九以上，金属离子极少，并且水温适宜，是造纸的理想用水。

清末民初胡朴安（字韫玉）的《朴学斋丛刊·纸说》记："造纸以选料为上，精者用楮，其次用竹，其次用草。而用敝布、渔网、乱麻、绵茧以及海苔之属，今无有用之者。”

在明以前，宣纸一律用纯一的青檀皮制造。明以后，以檀皮六成、嫩竹四成或檀皮七成、嫩竹一成七、稻草一成三配合而成。青檀皮选二年生的枝条剥取，不足二年或过了二年的都不要，于春末夏初剥取。嫩竹取将生枝叶者为上。稻草取当地沙田所产。用此配方造的纸，洁白坚韧，顺纵文扯断如棉丝，叫棉纸，横着扯断极不容易。（见《天工开物》）

《天一阁明代方志·弘治徽州府志》记，元代制造上供纸，先把剥下的楮皮大体收拾干净，放入溪水中泡沤，再以石灰水沤，沤了晒，晒了又沤，如此反复，直到楮皮变白。把沤制好的楮皮放进大锅，加上石灰水，煮至糜烂。放进清水中漂一天。拣去杂黑之皮，又入石灰水沤，捣为纸浆。放进布袋，放入水桶用清水挼洗。倒进药槽，搅打细匀，用帘抄成纸张，重叠榨干，于焙壁上逐张摊刷烤干。最后截沓解送官府。造纸计十八道流程，七十二道工序，前后三百余天。作者叹道：“一纸之制，竟如此不易！”

元代诗人傅若金《送奎章阁广成局副杨元成奉旨之徽州熟纸》描写当时的纸：

新安江水清见底，水边作纸明于水。
兔白霜残晓月空，鲛宫练出秋风起。
五云高阁染宸章，最忆吴笺照墨光。
明朝驿使江南去，诏许千番供玉堂。

诗人以为，宣纸之好，主要是由于新安江水清澈见底，才使纸的颜色胜过水的清明，如同霜月般的皎洁，又如秋风般的爽朗。玉堂，即国家出版社，如此好的纸，一是用作朝廷的公文，一是用作国家藏书。以霜月秋风比拟宣纸，如同唐人以雪月清风比拟剡纸。

因为有好水，又有充足而优良的造纸原料，所以徽歙一带向来就是繁忙的纸业基地。《宣城县志》中载清人描述造纸景象的诗说：

山里人家底（何）事忙，纷纷运石叠新墙。
沿溪纸碓无停息，一片舂声撼夕阳。

最富有艺术韵味的恐怕要数抄取特大纸张。《文房四谱》记：“黟歙（皖南）间多良纸，有‘凝霜澄心’之号，夏有长者，可五十尺为一幅。盖歙民日理其楮，然后于长船中以浸之，数十夫举抄以抄之。傍一夫以鼓而节之。于是以大熏笼围而焙之，不上于墙壁。自始至终，匀薄如一。”这种五十尺一幅的纸，约为现今三十几尺，抄取之时，鼓声为号，众人协力，盛况空前！造纸基地，人们的话题应当以纸为中心。《泾县志》载诗说：

药槽水碓傍山溪，捞纸人家费品题。
自说楮皮样样好，云兰侧理一齐低。

宣纸的特点是：洁白、柔韧、韵墨。一般纸的白度只有百分之八十，而宣纸的白度在百分之九十以上。宣纸之白，不是靠药物漂白，而是靠日光、水力的自然漂白。所以，虽然宣纸很白，但并不耀眼，是一种润泽清新的白，而且这种白色长久如新。

宣纸的纤维长，帚化好，不靠胶合粘连，其聚合成纸，有如布帛之织成，坚紧柔软。在加工过程中，纸料纤维没有受强烈的化学反应的损害，保持了纤维自然的性状，所以形成纸后，没有一般纸的那种生硬的感觉，抖动时也没有一般纸哗啦哗啦的响声，而是像布一样柔软、贴实。又鉴于宣纸纤维绵长，水浸湿后，一张纸还可以揭作三五层，这更足其他的纸所不及的了。字画的裱褙工艺，全部是从宣纸的柔韧中产生出来，适合于宣纸的性能。

所谓韵墨，指纸受墨后，能够均匀地浸透纸背，而不向四周浸散。这样一来，墨迹在纸上就显得格外的深厚和生动。

正是因为宣纸有如上特点，所以成为中国书画不可缺少的一宝。正如郭沫若1963年给安徽泾县宣纸厂的题词中说："宣紙是中国劳动人民所发明的艺术创造。中国的书法和绘画离了它便无从表达艺术的妙味。"

种类繁多是宣纸重要的特色。《弘治徽州府志》记，当时上供的宣纸种类有进札、殿札、玉版、观音、京帘、堂札等，都出自休宁南边的虞芮、和睦、良安三乡，并有麦光、表光、白滑、冰翼、七色等品种。在古代，宣纸几乎是要多长大就有多长大，只要有人能用，纸匠就能造，表现出纸工的豪气，也是宣纸驰名的重要原因。宣纸按是否进行再加工，可分为生宣和熟宣。生宣即成纸后没经再加工的纸。这种纸韵墨性能好，利于写意国画及行草书法；并且，生宣保持天然色彩，赏心悦目，不易遭虫蛀或变色，有利长期保存。熟宣则要上明矾和糨糊，厚实、光洁、韵墨不及生宣，利于工笔国画或工楷书法，但易遭虫蛀或霉变，不利长期保存。宣纸最常用的加工是砑花附彩。这样，就有了玉版纸、彩笺、龙凤、山水、草木等明暗花笺及鱼子笺等极古雅的礼品纸，是收藏或馈赠的抢手货。砑花和附彩中离不开云英木版及相应的颜料。

在明清，宣纸就已经远销东南亚及欧洲，成为人民友好往来的信物。传说嘉庆年间，当宣纸销往欧洲，伦敦的一位贵族，在市场买了一束宣纸做成的花，用了70基尼（英国1663—1817年间通行的货币。1基尼，约当今人民币10元）。20世纪20年代，鲁迅曾向苏联以及欧洲版画家推荐宣纸，使西方艺术家领略了宣纸的魅力，为宣纸走向世界尽了自己的努力（见刘仁庆《中国古代造纸史话》）。今天，世界各民族的交往比以前任何时候都更频繁，宣纸更应该成为让世界了解中国文化的友好信使。

正是这样，宣纸作为古代众多书画纸中的一枝独秀，最终成为中国书画纸的代名词，是当之无愧的。了解宣纸，有助于了解中国的书画艺术，也有助于深入了解文房四宝。

三　吐广长舌，演微妙词

——谈纸与文人的故事

纸的故事，实际上是人自己的故事，其中，蕴含着人们对历史、对文化乃至对命运的理解，有时好像荒诞不经，却包含着无可非议的真实性。人们一旦审视自己的生活，就不难发现周围的事物无一不反映出自己的形象，无一不可寄托自己的情思。于是，人们就同这些事物共演出许多连自己都很难理解的故事。古今中外的人们，都凭借着相似的情态进入各自的生活领地，而这些情态，总是在不同的时代，不同的民族，一次又一次地复现着。我们都从同一地平线进入历史的视野，又都从同一方向消逝，演出一代代流转不息的悲剧或者喜剧。

文士的生活同纸紧密相连，纸映入文士眼帘的首先是纸的文化价值（也是文人自身的价值）以及文人自身的生活情态或命运之慨。纸仿佛就是文人自身，有特定的风貌和情怀。晋代傅咸的《纸赋》写道：

> 盖世有质文，则理有损益。故礼随时变，器与事易。既作契以代结绳兮，又造纸以当策。犹纯俭之从宜，亦唯变而是适。夫其为物，厥（其）美可珍；廉方有则，体洁性真。含章蕴藻，实好斯文。取彼之淑，以为己新。揽之则舒，舍之则卷；可屈可伸，能幽能显。乃若六亲乖方，离群索居，鳞鸿附便，援笔飞书。写情于万里，精思于一隅。

作者认为，纸是事物演变中的自然的产物；它的出现，适应了时代的需求，是莫大的好事，就像以丝代麻作礼帽那样合于时宜。纯，即生丝；俭，古时的一种礼帽，原用麻织，而规定要二千四百缕经线，麻质粗，织来很费劲，用丝织，则很省事（见《论语·子罕》“麻冕，礼也：今也纯俭，吾从众”的注释）。作者还认为，纸的品性体现了一个正直文人应具有的内涵，即：方正而有信念，真诚而高洁，内在丰美，崇尚文化，是文士自我完善的益友。纸性还体现出和达的人生观，一旦被人使用，就大展宏图；闲居之时，则韬光养晦，能屈能伸，能进能退，有大丈夫气概。纸还是沟通人心自然的信使：当亲友各在一方，斯人孤独之际，信便作鸿雁尺鱼，往来传书。当落笔于纸，人们便可思飘万里，或洞观幽明。文人于纸，交契可谓深矣。文士还于纸中，看到人生世态的诸多变相，因此感慨万分，试看明代屠隆的《笺谱铭》中的几段：

> 三生果认贼不真，蒸砂不熟。见（同现）在如来，过去忍辱。有香其舌，有绀其目……自无前因，安成后果。居流浪中，何者为我？

借佛教语来描述纸的过去、现在、未来——三生。纸所以为纸，如同文士之所以为文士，不是什么料质，什么途径都可以成就的，就像不能认贼为亲、蒸砂做饭一样。造纸以选料为上，这在文士则是对人生道路、生活方式的郑重选择。纸在制造过程中，水浸日晒，千锤万杵，从原料到纸，可谓脱胎换骨，重新再造。正如发现真如本性，到目识色形，舌知甘苦，不经历千山万水，九九八十一难，是不得其真髓的，但文士一旦成为社会的公仆，就再也没有老死山中的那份清闲，没有孤芳自赏的那种雅致，只有献身社会、死而后已的生涯。一段纸铭，其意味深长如此！再如：

亲朋择交青松指心，皎日莅盟。郦吕相卖，耳余交倾，款款陶陶，莫可备数。管鲍而下，此道如土……白衣苍狗，毋以为金石。

青松指心，即松烟墨写于白纸之上，有如日月之明，不可掩蔽，文士与纸多一见倾心，款款陶陶，难离难舍。可是一到纸尽其用，就如破衣破鞋，弃之不及。郦吕相卖事，见《史记·樊郦滕灌列传》，郦况，郦商之子，与吕禄相善。及吕后去世，众大臣欲除灭吕氏族人。吕禄当时为将军，领军于军中，太尉周勃不得近身。于是抓郦商作人质，命郦况去骗取吕禄，吕禄信以为真，与郦况出游，周勃得以诛杀诸吕。事后，郦况封为代侯。天下称这事叫“郦况卖交”。作者以叹人情之凉薄，暗叹文人事君的命运。“白衣苍狗”，杜甫诗《可叹》：“天上浮云如白衣，斯须改变如苍狗”句紧缩成。作者以此叹人事的变幻莫测。虽然如此，文人与纸还是恩怨不解，终身相依。

三生花，菩提树，优钵花，发宏愿，见释迦。

文人毕竟于纸上发现真理，得到觉悟，又于纸上披露心情怀抱与见地，所以称纸为菩提树；菩提树，即释迦牟尼觉悟的地方，菩提，即觉悟。优钵花，也叫优昙花，或优昙钵花。《南史·竟陵文宣王子良传》记：“子良启进沙门，于殿户前诵经，武帝为感，梦见优昙钵花。”优昙钵，梵音，意即祥瑞。文士家有纸，便有书墨之香，当然于文士自己和家庭都是祥瑞之事情。文人读书以富润身家并不是目的，而是要从读书中为社会发现真理，即见释迦之意。追求真理与觉悟是纸于文人最高尚的作用，但纸也有自己日常的用途：

八行书，开日南，通夜郎，寄汉阴，报河阳。鲤鱼遗，雁足翔。征夫泪，思妇肠。结绸缪（这里指定交），申慨慷。走万里，唯八行。

八行书，即古代尺牍，其上一般容写八行字，是书信的早期形式。《北堂书钞》载：马融与窦伯可书："孟陵来赐书，欢喜何量！书虽两纸八行七字。"虽然写信于纸，仍然保留了古代早期尺牍的形式。由于有了书信，亲友虽身在天涯，犹可当面、铭心，《初学记》载："蔡邕书曰：'侍中执事，相见无期，唯是笔疏，可以当面。'"

由上可知，古代文士不只是把纸当作日用的书写材料，还把纸当作可以交流情感的知心朋友和可以照见自己形象和命运的镜子。在与纸的观照和交流中，文士因此坚定了自身的信念，提高了自己的修养，并感受到一种充实而明净的生活方式。明代王士贞的《纸铭》说：

知其白，守其黑，为天下式。猗汝之德，好汝者加汝以五色，而汝弗良于墨。噫，所谓混沌而饰者耶？

"知其白，守其黑，为天下式"，用《老子》中语，即有自知之明，而不怕天下责备、不理解，就可作天下的榜样了。纸的作用只在受墨书写，而不在妆饰美艳，如果妆饰太过，反而不利于书写，失了纸的本来作用，就像混沌本来没有七窍，给它开窍，反而弄死了混沌。（《庄子·应帝王》）这从哲学上分析纸的品性，也是在表明文人的真材本性。

文人与纸，就像农民与土地。穷困的文人往往缺纸，便不惜出卖劳力以换取日常用纸。战国时苏秦和张仪两人就以交互替人做工的方式以取得学习的纸笔等用品。（见《拾遗记》）三国的阚泽、晋代的葛洪也是用替人打工的方式获取学习用品，表现出文人自我塑造的决心和毅力，为后世敬慕颂扬。又如《云仙杂记》中记一个名姜澄、字洪儿的人，好学，家贫无纸，便烧糠烤竹，把竹展平为纸，以供书写使用。人们把这种“纸”叫作“洪儿纸”。

难得的是，没有纸文士也不失潇洒本性。《澄怀录》记，陆羽为怀素作传，描述怀素“疏放不拘细行，饮酒以养性，草书以畅志。贫无纸，乃种蕉叶万株，以供挥洒”。人们问他这是干什么，他说，“吾种纸耳”，可见“贫而不谄”不如“贫而乐”。

《文房四谱》记，郑虔（杜甫的密友之一）书写无纸，便寄宿慈恩寺，以柿叶为纸。后来唐人多有以红叶为书的，大概是学习郑虔以柿叶写字。钱珝《江行无题》诗云：

远岸无行树，经霜有半红。
停舟搜好句，题叶赠红枫。

李贺常负一锦囊，遇有好诗句，则写在纸上，投入锦囊中，后人则慕之为呕心作诗和潇洒。

纸张来之不易，即使有民人上贡，也是一张书纸、千滴血汗。文人爱惜纸，即是爱惜自己，也是爱惜民力。《五代史·何泽传》记，后唐

朝廷命各州县交纳纸张，从免蠲赋税，叫“蠲纸”，何泽上书明宗，极言纳纸加重人民负担，对王朝有诸多不利，于是明宗下诏废除交纳蠲纸，这是把纸看作了民脂民膏的。《南史·阮孝绪传》记，阮孝绪十岁时，随父亲到任官的湘州，不用一张官纸书写，以成就父亲的清白，古人如此看重人品！小儿如此，成人更是如此。前面提到的杜暹，不受吏属馈赠，略取以示领情。连皇帝也并非全部是挥金如土的浪荡哥儿。《畜德录》记，明成祖（朱棣）拿出一张金龙纹笺给一位大臣，叫他给写一封发向国外的信。这大臣偶尔误漏写了一个字，便问成祖还有没有多的笺纸。成祖说，有，但我舍不得给你，因为这纸太难得了。你还是注上写漏的字吧。大臣说，这是给外国写的信，岂能注上漏写的字？成祖才很舍不得地又给了一张。（见《古今图书集成》）

文人也有以不爱纸为爱的。《宋书·孔觊传》记，孔觊的弟弟孔道成和堂弟孔徽二人善于买卖，颇有资产。一次，二人做生意回家，孔觊到河边去迎接，见所随十余船，尽载绢绵纸席之类的货物，便假装高兴地说，我正愁没钱用，你们贩来的货物正好救了我的急。就叫人把货物全搬上岸。然后正言厉色地说，我们都有幸进入了文士的行列，你们怎么可以不顾自己的身份去做生意，成为商贾一类的人呢？于是叫人把堆在岸上的货物全部烧尽。古人如此珍重文士的名声和身份，烧掉包括自己最珍爱的纸在内的全部货物，真可令人扼腕叹息。文士珍惜的纸，是同自己的心灵息息相通的纸，而不是那些染上了铜臭的所谓纸。

古人珍重纸，惜之如金玉，更重之如朋友。自从韩愈为“毛颖”（笔）写传后，其中于纸笔等的称谓成为文人对书具的昵称，如毛先生、陈玄子、陶泓、楮先生等。文士与之游戏、玩笑，仿效《毛颖传》之作不绝如缕，以寄托自己的怀抱及身世之慨。《云仙杂记》载：“薛稷为纸封九锡（所赐九种物品），拜楮国公白州刺史统领万字军界道中郎将”，寄托了文人从政的愿望。到宋代，《文嵩四侯传》中有为纸写的传记（《文房四谱》载），有《文房四友除授集》（宋人集，编者不详)，有代帝王写的封诰，也有代四友写的谢表，你来我往，就像真的身处庙堂似的。其中刘克庄写的《赐楮知白诏》道：

汉儒推尊（贾）谊、（董）仲舒至矣。然于谊曰贾生，于仲舒曰董生，友之而已。独于楮先生者师称之，其为世崇尚如此。朕既诏（毛）颖、（陶）泓、（陈）玄置左右。三人者，皆言汝功用敏于竹帛，才质□于玉雪。博记古今之书，善摹国家之事……令有司物色，或下郡国，造诣公车。吾诏书手记不可数得，盖以宾师之礼侍汝……

其《代楮知白谢表》道：

……帝有恩言，昭示衮褒之意。粉身报浅，汗背愧深。伏念臣自奋孤根，偶逢良匠，施风斤之巧斫，加月杵之精研。早践名场，亟数曳之卷，后游文馆，尽见杀青之书，虽属辞之士，著价稍高。然嗜利之徒，见伐未已。谤嘲琐短，庭议敞轻。量才则曰牧臣，奏技则云愈薄……

感激涕零，细述衷肠，如婴儿之见慈母，如孤臣之逢明主，感恩报效之情，卓然可见。不用说知己难逢，即使能被任用，在古代文人也是极偶然的事，一旦遭逢，其感激之状该当何如！所以诸葛孔明的前后《出师表》千百年来，一直令文人志士长吁短叹！

文人与书具半是清醒半是醉的游戏，也曾付之于种种神异的传说。《神仙传》（晋葛洪撰）记，当年蜀主刘备准备伐吴之际，曾向李意其（术士）征求意见，李氏便要了一张纸，画作士兵数十个，但纸破裂了；又画作一个大人，纸又破裂了；是不宜出兵的征兆。刘备执意出兵，结果大败，病死白帝。三国鼎立之际，吴蜀两国都较弱，如果两相攻伐，必有一伤，为魏国各个击破。如果两相和好，互相帮助，全力对付魏国，吴蜀尚可存在壮大。这是诸葛孔明在隆中向刘备阐明了的天下大势。而刘备不顾大局贸然出兵，导致了大败。

南朝宋时刘敬叔的《异苑》中记，晋义熙年间，刘毅坐镇江州（今之江西省九江市），被卢循打败，变得烦躁不安，近迁入荆州，更加焦躁。一天，铺纸作书，约定部将王亮屯兵造反。突然，大风吹起，刘毅不能作书，便仰头骂天，一时大风更加猛烈，将信纸吹入空中，碎成细屑片片飞扬。不久，朝廷发兵南下，刘毅被擒获斩首。这故事或许来自劝谏过刘毅或不满刘毅的文士，但爱憎却是分明的。

在纸的神话中，文人关心得更多的是自己的情趣或身家命运。

《云仙杂记》载，萧颖士少年时，梦见有人授纸百幅，打开一看，全是锦绣花团。又梦见裁锦缎，从此后文思敏捷，才力丰赡。与笔梦、墨梦一样，都体现出文士对才华的向往，是美丽而真切的文人梦。

纸也示人以灾异。《异苑》载，张仲舒在广陵的时候，早晚都发现有红光随行于左右，一天，空中忽降红罗，周广七八分，长五六寸，都是些笺纸，继之又如罗笺，纷纷扬扬，落得很快，过了一宿，仲舒暴疾而卒。

纸本身还有神异。《文房四谱》载王炎《冥祥记》说，南朝宋元嘉八年，蒲坂城（今山西永济县蒲州镇，在涑水河与黄河交汇处）中大火，房屋俱被焚尽。但灰烬中写有佛经的纸或绢素，却完好如故。似乎宣扬真谛的书纸具有不朽的神力，水火都不能使之毁坏。

《太平广记》卷三十载《宣室志·张果传》说，张果通仙术，常倒骑一毛驴，歇息的时候，驴便化为纸，张果即折叠放入囊中。行路时，取出纸来，又变作毛驴。

《古今图书集成》载《龙川志》（龙川，即今广东省惠阳县）记，有个叫蓝乔的人，字宇升，隐居于霍山学习仙道，学成后飞升而去。有人在洛阳看见他，叫人放百来张纸在他脚下，然后一张一张地拉出来，竟没有一张纸破裂。有一天，蓝乔又叫人在他脚下放百余张纸，叫人取出，纸却变成了一片片浮云；又见有仙鹤从南边飞来，空中传来清越的箫声。蓝乔跨上仙鹤便飞走了，从此再也没有人看见过他了，其境界优美，事出惝恍迷离，好像是一段文人超然世外的隐士梦。

纸，为文士向往的书具，象征着文士的生命或生涯。向往之切，珍重之深，也会成为生活之累赘。纸与文人的不解之缘，反而使文人有时感到一种若有所失的茫然。宋代陶穀的《清异录》中记，五代书法家杨凝式，家中堆积求字之纸如同墙垣，了却书债之望遥遥无期，于是长叹道："无奈许多债主，真乃尺二冤家也。"他这才记起阎立本（书法家、画家）告诫弟子不要学习丹青的话来。

"尺二冤家"之称谓，谁知是爱还是恨？

四　诸纸甘平，辟邪止疟

——谈纸的特殊用途

纸的主要作用在书写，印刷书报或做包装等。《汉书·外戚传》中赵飞燕的妹妹包毒药的纸，怕是纸用作包装的较早记录。到现在，纸在包装材料中仍然是最普通的。而印刷是在唐代才出现，最早的印刷品是雕版印制的《金刚经》。唐代印刷品的数量很大。《云仙杂记》中说，玄奘以回锋纸印普贤像散发给僧众和善男信女，每年要印五驮纸。中国最早的报纸是汉唐时官方互通消息的简报，由官邸制作，传抄诏令、奏章等，叫作邸报，又叫邸钞。后来成为官方报纸的代名词。《全唐诗话·韩翃》记，韩翃在家闲居，一天，将近半夜，有客人叩门而入，祝贺韩翃说，你已经被拜为驾部郎中知制诰了。韩翃说，你错了，有两个韩翃，你知道是谁？客人说，我看了邸报，上面有皇帝的批文，说是把封诰送给写“春城无处不飞花”的那个韩翃，怎么会错。宋代苏东坡有《小饮公谨州中诗》说：“坐观邸报谈迂叟，闲说滁山忆醉翁。”迂叟，司马光自号；醉翁，欧阳修自号。从诗中，可见宋代邸报已很普遍，不只是高级官员的专门读物了。到明代，邸报开始用活字印刷。

另外，纸在古人的生活中重要的作用是祭祀鬼神。古代中国人多相信，天和人、生和死、人和物等是可以互相感通的。多是希望人世间有主持平等公正理义的力量，身边没有，就求助于主宰万物生长及回归的大威力。使万物生长的力量就叫神（与生音近），并不一定是某种有神力的偶像；使万物回归于无极的力量就叫鬼（与归音近），不一定就是某些能祸福人们的鬼使神差，或青面獠牙的幻影。人们把鬼神偶像化，倒不是出于无知，而是需要一种形象、一种标志，寄托正义的信念。但人们多半不知道，那种使万物生长及回归的威力，原本就充溢于自己的身上；敬重了自己，就是敬重了鬼神；同自己过不去，就是同鬼神过不去。人们送往迎来，极尽奢侈繁琐之能事，又似乎是想给枯索的人生点缀些亮色，平添上一点生机。或许可以从中得到某种安慰，支撑住应付苦难人生的精神世界。

纸张用于祭祀鬼神，主要是做成纸钱、纸马，以及纸做的日用器具等来烧化，以示送给死者到另一个世界去使用。这些纸做的祭器，应当出现于纸能够大量出产的时期，至少不早于魏晋。《封演闻见录》记，古代人祭祀鬼神，用圭、璧、钱、帛等实物，仪式完毕之后，就随死者一起埋葬了。从魏晋以来，才有用纸钱的。钱币是给死者去冥府的盘川，而纸钱可以不用随葬，只要烧化了就可以表示给予。所以纸钱可以定期或不定期地给予。在唐代，寒食节（冬至日后一百零五天）给死者化纸钱已成为风俗。张籍《北邙行》中有“寒食家家送纸钱，鸱鸢做巢衔上树”的句子。白居易《寒食野望吟》中有“风吹旷野纸钱飞，古墓累累春草绿”的句子。宋时戴埴在他的《鼠璞》中记，纸钱始于南齐东昏侯殷长史，他“剪纸为钱，以代束帛”。

纸马，俗称甲马，是送给死者到冥府的坐骑。先秦时祭祀用牲口和钱币，秦国用马；因祭祀繁多，即改用木马。唐玄宗时，风俗重鬼冲，王玙以纸为钱币，用纸马祭祀鬼神，算是保留了秦代木马的遗意。后来人们以五色纸印神佛像出售，使用的人将像在神前焚化，也叫作纸马。有的说是旧时画神骑马于纸上，表示为乘骑之用，所以叫纸马。（见清代赵翼的《陔余丛考》）

纸劄，也叫纸札。宋以后多指纸做的祭祀用具。《红楼梦》十四回载："这八个人单管各处油灯、蜡烛、纸札。"

以上可以看出，古人是按生人的生活方式来体贴敬爱鬼神的。人死去，是回到造物的本来之处，路途也一定很遥远，步行会不堪劳累，故以马匹相送；路途中也会有花费，故以钱币相赠。其死者生前物品，如衣物床枕、鞋袜巾被，以及生前所用书具等无不齐备。其实古人之重鬼神，实在是重视自己的现世生活，怀念曾经同自己生活过的人。中国文化的沉重感，由此可见一斑。

《文房四谱》的作者苏易简对祭祀用纸钱的做法，进而对鬼神提出了疑问："近世以来，阴阳卜祝通于幽冥者，必斫纸为币，赂诸冥漠君。每睹诸家玄怪之语，或有鬼祈于人而求之者，或有赂之而获洪福者。噫，游魂为变，绵古而然。汉室以前，鬼何所资乎？得非神不能自神，而随世之态乎？"

古人祭祀鬼神用纸，数量极大。宋应星的《天工开物》中记，湖南、湖北一带祭祀风气大行，"有一焚侈至千斤者"，竹纸或草纸，十分之七用于烧化给死者，十分之三供应日用。笔者赞同孔子关于祭祀是为寄托哀思的说法，礼数齐备，器用奢侈，不如哀戚而得紧要。见《论语·八佾》："礼，与其奢也，宁俭；丧，与其易也，宁戚。"易，这里作齐备解。

纸的主要用途还是在日用，纸的作用在日常生活中被发挥得淋漓尽致。

以纸为衣。《文房四谱》记，隐居深山的人常以纸作衣，可能是遵从佛教不穿所谓“蚕口衣”吧。纸衣穿着很暖和，但不出十年，人便会面黄气短，断绝常人的嗜欲。大概是穿纸衣不宜洗澡，所以外面的风进不去，里面的气出不来而造成的。又引《辨疑志》说，唐大历中，有一位叫苦行的僧人，不穿布帛之类的衣服，而常穿纸衣，时人号“纸衣和尚”。和尚有绝嗜欲的功课，纸衣或许就是为此而作的。该书又记造纸衣之法，是每百幅纸用胡桃、乳香各一两来煮或蒸纸，趁热洒乳香而阴干。宋代黟歙一带专有制衣的纸段，如门户大小。远征的军人有穿纸衣的，有利于抗风寒。武陵一带（湖南常德以西）也有用谷纸做衣服的。书中引王禹偁《小畜记》说，五代时王审知坐镇闽州时，贪酷残民，人民穷困，很多人只能以纸为衣。当时还有用纸作丧服的。

以纸作帐。也见于和尚使用。唐代僧人齐己《夏日作》诗："沙泉带草堂，纸帐卷空床。"是用藤皮茧纸缠在木上，勒作皱纹，不用糨糊，以布为顶（取其透气），以纸缝制。帐上常画花鸟为饰。宋代朱敦儒《鹧鸪天》词云："道人（也指和尚）还了鸳鸯债，纸帐梅花醉梦间。"纸帐大概也有绝嗜欲的作用。

纸被。可能出现于宋代。从宋人的诗中可以大致了解纸被的情况。僧人德洪有诗道：

就床堆叠明如雪，引手摸苏软似绵。
拥被并炉和梦暖，全胜白氈紫茸毡。

其质量应当是不错的，可作馈赠。陆游《谢朱元晦寄纸被》云说：

纸被围身度雪天，白于狐腋软于绵。

当时还有生产纸被的作坊。刘子翚《吕居仁惠建昌纸被》道：

尝闻旴江藤，苍崖走虬曲。
斩之霜露秋，沤以沧浪色。粉身从澼洸，蜕骨齐丽密。

大概纸衣纸被都用上好的藤纸，加工成丝绵状，以纸张表里，做成被状。

纸能够做衣被以贴身，可见纸性甘平、不伤肌体。

纸鸢的妙用。纸鸢，即风筝，是一种娱乐用品。宋代高承《事物纪原》卷八《纸鸢》记，纸鸢俗名叫风筝，古相传云是韩信所作。当高祖（刘邦）征伐陈豨之际，韩信建议从军中放出纸鸢，以测量到未央宫的距离，好挖地道进入未央宫。

南朝梁武帝时有用纸鸢传送军情的。

《资治通鉴·梁武帝太清三年》记，梁武帝被侯景军队包围在台城（今江苏省南京市鸡鸣山南乾河一带）。由于台城与外界断绝音信已久，以致高州刺史李迁仕与天门太守樊文皎率援兵万人到了城下，都无人知情。有个叫羊车儿的人献计说，做一个“纸鸱”，把敕命写在里面，用长绳系好，顺风放去，就可以把消息送到援军那里。于是纸鸱上载着敕命，“得纸鸱送援军，赏银百两”。太子亲自出太极殿顺西北风放出纸鸱。胡三省注道：“纸鸱，即纸鸢。”纸鸱被敌军看见，以为对方在使什么厌胜法（即以诅咒克敌制胜法），就把纸鸱射了下来。后来援军用苦肉计，派人诈降，潜入城中，才把信送到城中，使城中军民知道援军情况，欢声雷动，里应外合，击溃了敌军。用纸鸢送信虽未成功，但不失为智慧的办法。

乘纸鸢逃命，就更具有传奇色彩了。《北史·彭城王勰传附拓拔韶传》记，天保十年，北齐文宣王诛杀元氏家族，意欲斩草除根。当时元世哲的从弟黄头和元氏家族的其他许多人被囚禁在凤凰台。黄头便同他们乘了大纸鸢逃离凤凰台。可惜黄头的纸鸢飞至紫陌（帝都郊外的道路）掉下来，仍被抓回。

用纸做铠甲，实在地用于战事，既省钱，又坚韧，的确太理想不过了。作铠甲是用很坚韧的纸，以竹为筋，糊以多层，在护心、护腕、护膝处嵌上铜片或铁片。《宋史·兵制十一》记，北宋康定元年，朝廷下诏命江南、淮州军等地造纸甲三万副，以供给陕西城防士兵用。以纸做铠甲，应不晚于宋朝。

纸用于糊窗、贴墙壁、做纸扇、做油伞，用于卫生方面等，用途甚多。

纸如此频繁地进入人们的生活领域，同人们多有贴身之亲近，恐怕还在纸确有对人裨益的药性作用。

《文房四谱》引《本草》说："陟釐（前面提到过的海苔纸或侧理纸）味甘，大温无毒，止心腹大寒，温中消谷（帮助消化），强胃气，止泻痢。陶隐居（陶宏景自号）曰，此即南人作纸者，生江南池泽。唐《本草》注云：'此乃水中苔，今取为纸，名为苔纸。青黄色。'《小品方》曰：'水中粗苔也，音陟釐。陟釐与侧黎相近，又与侧理相近也。'又云：'即石发也。'"纸的药用功效，可能最先从苔纸发现，因为苔纸与其原料性质极接近。

引《本草拾遗》说："印纸剪取印处烧灰服，令人绝产。"古人最忌断子绝孙，所以不会有人敢去试验这味单方的。

纸虽可入药，但烧纸的烟却有害人的健康。苏易简从观察中得知："纸投火中，烟起尤损人，令肺腑中有所伤。坐客或云，天下神祠中巫祝间少有肥者，盖纸烟常熏其鼻息故也。"

到后来，似乎所有的中国书画纸都可以入药了。明代李时珍的《本草纲目》中专门有章节讲述纸的药物作用。其《纸释名》一节简述了纸的来源和沿革后，说："烧药以墨涂纸裹药，最能拒火。药品中有闪刀纸，乃折纸之际，一角叠在纸中，匠人不知漏裁者。医人取入药用。今方未见用此何（用）与？"然后列举了纸的性味、作用等。这里选择列举一些条目，使读者略见其要：

气味：诸纸甘平无毒。

主治：楮纸烧灰止吐血、衄血（即鼻出血）、血崩、金疮出血。

竹纸包犬毛烧灰酒服，止疟。

藤纸烧灰敷破伤出血及大人小儿内热衄血不止。用故藤纸瓶中烧灰存性，三钱入麝香少许酒服，仍以纸捻包麝香烧烟熏鼻。

纸钱主痈疽将溃。以筒烧之，乘热吸患处，其灰止血，其烟久嗅损人肺脏。

附方：

吐血不止，白薄纸五张烧灰，水服效不可言（普济方）。

衄血不止，屏风上故纸烧灰酒服，一钱，即止（普济方）。

血痢不止，白纸三张裹盐一匙，烧赤，研末，分三次服饮下（圣惠方）。

皮肤血溅出者以煮酒坛上纸，扯碎如杨花摊在出血处，按之即止（百璎百一选方）。

月经不绝，来无时者，案纸十张烧灰，清酒半升，和服顿定。冬月用暖酒服之（刘禹锡传信方）。

……

青纸主治

李时珍曰，妬精疮以唾液粘贴数日即愈，且护痛也。弥久者良。上有青黛，杀虫解毒。

印纸主治

陈藏器曰，妇人断产无子，剪有印处烧灰，水服一钱，匕效（按，此与《文房四谱》所记正相反）。

历日集解。

李时珍曰，太昊始作历日，是有书。《礼记》，十二月天子颁朔于诸侯。

主治。邪疟用隔年全历，端午午时烧灰，糊丸梧子大。发日，早用无根水（即天花水）下五十丸。

钟馗集解

李时珍曰：《逸史》云，唐高祖时，钟馗应举不第，触阶而死。后明皇（唐玄宗李隆基）梦有小鬼盗玉笛，一大鬼破帽蓝袍，捉鬼啖之。上问之，对曰：臣终南山进士钟馗也，蒙赐袍带之葬，誓除天下虚耗之鬼。乃命吴道子图像传之天下。时珍谨按，《尔雅》云，钟馗，苗名也。《考工记》注云，终葵，椎名也。菌似椎形，椎似菌形，故得同称。俗画神执一椎击鬼，故亦名钟馗。好事者因作《钟馗传》，言是未第进士能啖鬼，遂成故事，不知其讹也。

主治：李时珍曰，辟邪止疟。

附方：

妇人难产，钟馗左脚（指菌）烧灰水服（杨起简便方）

鬼疟来去，画钟馗纸烧灰二钱，阿魏、丹砂各一皂子大，为末，寒食面为丸，小豆大。每服一丸。发时冷水下。正月十五日，五月初五日修合（圣济录）

从以上可知，纸的药用作用中似乎还加进了文化的信念；中药医治中国人的疾病有效，应当和文化信念有一定的联系。

第四章　砚

一　斑彩散色，沤染毫芒

——谈古代的砚

中国古代书具的特殊，不仅体现于笔墨纸的制作和使用上，而且还体现在砚的制作和使用上。别的民族也有笔墨纸，只是没有那么讲究，但却没有砚。只要使用墨汁，砚似乎就成了多余的摆设。其他民族没用过砚，我国古代早期也有不用砚的时候。明代陶宗仪《辍耕录》中说，上古无墨，以竹挺点漆而书。同时代罗颀的《物原》中也说，尧舜时以漆书于方册。在"墨"的章节里，笔者猜测漆是早期颜料及墨的黏合剂。早期的蝌蚪文字表明中国早期曾使用过硬笔书写文字。如果中国沿着硬笔书写的道路发展，毛笔及砚台岂不是匆匆过客吗?！几千年来，硬笔一直作为毛笔的补充与毛笔共同存在，但始终不能成为书具之主。只是在20世纪以来，人们才逐渐地普遍使用硬笔，渐渐少用砚，但也并不意味着砚就销声匿迹了。

中国的文字从一开始就是以表意为主的象形、会意、指事、形声的图画性的文字。每一个字都意味着一幅图画，或是某种感受，或某种经验，某种领会过程等诸多因素的积淀。以纯然的硬笔线条表达显然会遗漏文字不少的意蕴，造成文字乃至文化的巨大遗憾。硬笔长于刻画；软笔长于描画，比硬笔更能表达出文字的意味，而书写又是最普遍的日常文化活动，硬笔的使用只限于特殊的范围，这样，软笔就当然地成为书具的主人了。文字的选择在某个民族似乎有某种偶然性，但书具的样式却是文字样式的必然产物。这里，毛笔的必然使用还不能说明砚的必然出现，因为，墨汁的存在仍然可以取消使用砚的可能性。墨汁在早期的制墨中是出现过的，《拾遗记》中浮提国的神人所携带的金壶中，装的就是墨汁。

中华民族的主体从传统上是以农业生产为基本的生存条件，农业社会的形态，其主要的特征就是稳定。这种稳定所带来的积极效果即是追求文化的完美，在记载和保存文化的书写工具的采用和改进上，也能体现出追求完美的精神和情趣，首先表现在对文字意味的表达和保存上。要说便捷，毛笔远不如硬笔，竹简远不及纸张，但为了完美和长久，古人采用了似乎很麻烦的书具，竹简也是靠了行政命令最终才退出书具舞台，这都是追求完美的精神和情趣在起作用。

支配用墨的原则也同样是追求完美。笔者深信，古人用墨的实践中，肯定发现过，墨汁是现磨现用的为好，隔宿便暗淡而无光彩，着纸也不牢固，干后遇水字迹便模糊不堪，甚至被水冲掉。陈宿的墨汁书写起来也滞笔、泥笔，给人很不舒服的感觉。再说，制墨的作坊也不能做

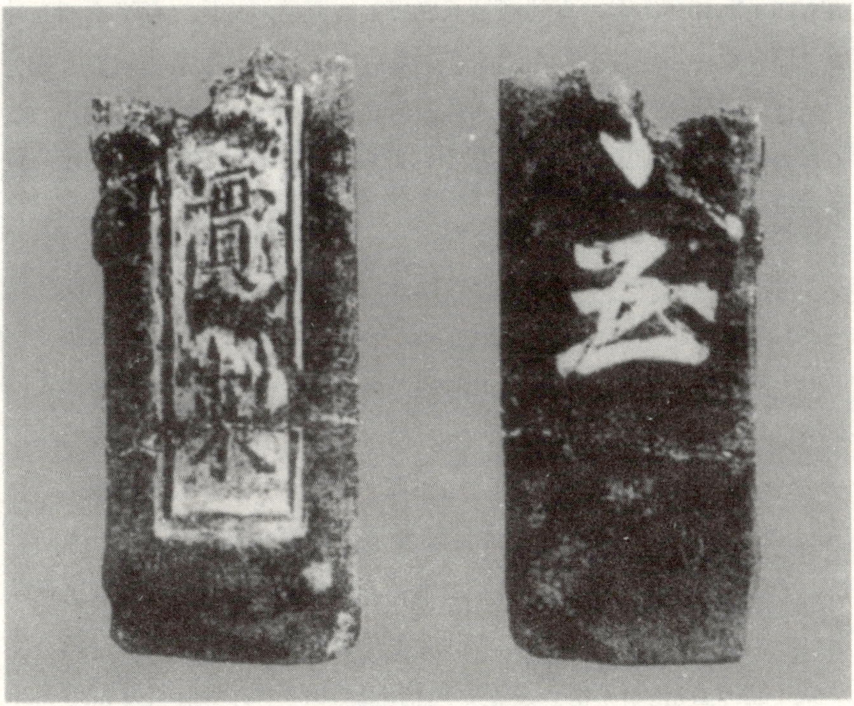

到文人使用多少墨汁当天即生产多少墨汁。现代科技也没能解决墨汁的保存难题，用塑料瓶或玻璃瓶装的墨汁放久了，用来效果也不理想。正式的墨宝还是要用墨块研磨出的墨汁。现代技术生产出的蓝、墨硬笔墨水，还不可能与传统用墨的效果相提并论。既然使用墨块可以创造出无与伦比的笔墨效果，那砚的使用就不再是偶然的或无可奈何的选择了。即使用起来并不便捷，但追求便捷不是古人的生活情趣所在。东汉刘熙在《释名·释书契》中说："砚，研也，研使墨和濡也。"和濡，即书写的美妙，字迹的完美。至今人们还没能找出其他的方式能使墨和濡更甚于砚，怪不得古人饶有兴味地使用砚竟达几千年。

追求完美，还表现在砚台的装饰性上。在砚的使用中，装饰性一开始就得到充分的表现，与实用性并重。而笔墨纸，装饰性和实用性往往相互冲突，不是装饰性掩蔽了实用性，就是实用性压制了装饰性。砚则不然，其实用性固然奇特，却较容易被满足；而砚的装饰性却可以因时因人而不断翻新出奇，直到满足了使用者的情趣。并且二者绝不相互冲突，而且往往相得益彰。在笔墨纸，最后装饰性都要服从实用性，成为实用性的附产物。而装饰性好的砚台，可以给书案乃至书斋增添光彩；太朴素的砚台，则不免给人以寒伧之感；没有砚台的书斋，在古代则是不可思议的。

石之美，莫过于玉；玉之美，在坚密、温润、莹洁，利于雕琢。砚之美，在有玉石之德，雕琢之精；在于形制古雅，名称可心；是融生命价值于自然的艺术品，是书斋中赏心悦目的默友，是自然与命运无言的启示，是生死难离的不解之缘……

《说文解字》中说："砚，石滑也，从石，见声。"段玉裁注说："谓石性滑利也。江赋曰：'绿苔鬖髿乎研上。'李注：'研与砚同。'按，字之本义谓石滑不涩，今人之研墨者曰砚，引申之义也。"这是从砚石的实用性解释砚的石性。其中包含了矛盾的意味，石太滑，便不能发墨（磨掉墨）；石不滑，发墨，但伤笔。这种矛盾竟能引发东坡先生

的意趣，他在《东坡题跋·书砚》中议论道：

砚之发墨者必费笔，不费笔则退墨（即磨不掉墨，与发墨正相反），二德（即矛盾的对立性质）难兼，非独研也。大字难结密，小字常局促，真（正，楷）书患不放，草书苦无法。茶苦患不美，酒美患不辣——万事无不然；可一大笑也。

他接着说：

砚之美者止于滑而发墨，其他皆余事也。然此两者常相害（冲突、矛盾）。滑者则退墨。余作《孔毅夫铭》云：“涩不留笔，滑不拒墨。”毅夫以为名言。

一语道破研的实用价值，可以破除对名砚的迷信。东坡在《评淄端砚》中说：

淄（即淄州，在今山东省淄博市东北的淄川一带）石号韫玉砚，发墨而损笔；端石非下岩者，宜笔而退墨，二者当安所去取？用退墨砚如骑钝马，数步一鞭，数字一磨，不如骑骡用瓦砚也。

淄石砚与端（即端州，今广东省肇庆市）石都是常人不敢非议的名砚，如果用实用价值衡量，砚只一德者实无什么好处，不如用名不见经传的瓦砚。于砚如此，于人亦可：人不在名，而在德行。宋代的米芾有类似的看法，他在《砚史》中说：

器以用为功。玉不为鼎，陶不为柱，文锦之美，方暑则不先于表出之绤，楮叶虽工，无补宋人之用。夫如是，石理则发墨为上，色次之，形制工拙又其次。文藻缘饰虽天然，失砚之用。

发墨固然重要，费笔与否也必须考虑。不然，粗粝之石发墨虽佳，但无人取之为砚，因其形色粗恶。砚之为文房四宝之一，就在其文质俱美，二德齐全。太重实用，不免流为俗滥，为有见识者笑；偏重文饰，只供摆设，便失去了砚的作用。其实，他自己对砚就有非常之讲究，他在《砚史·玉砚》中说：

玉出光为砚者，着墨不渗；其发墨有光。其云磨墨处不出光者，非也。余自制成“苍玉砚”。

砚石以玉质为美，从发墨为用，有很多讲究。米芾论《唐州方城县葛仙公岩石》说：

石理（石质）向日视之如玉，莹如鉴（镜）光，而着墨如澄泥不滑。稍磨之，墨已下而不热生泡；生泡者，胶也，古墨而不生泡者，胶力尽也。若石滑磨久则墨下迟，两刚生热，故胶生泡。此石既不热，良久，墨发生光如漆如油有艳；不渗也。

玉质坚密，故不渗墨；温润，故不易发热；墨磨而不发热，故墨汁如油如漆而有光艳。这就要求石质粗细软硬适中；磨墨轻重、快慢适中。所谓“适中”者，即恰到好处，体现出物性与日用的高度和谐，不仅造化不易，而且人为也极艰难。故砚“涩不留笔，滑不拒墨”者，堪为瑰宝。故砚要求“着墨如澄泥”，并且“磨墨无声”。总之磨墨之砚，不损墨色，不害胶性，并且不掩墨香，方为上品。琢砚之石，多以青苍为上，宋代叶樾《端溪砚谱》中说：

大抵石性（也指石质，偏于质性）贵润；色贵青紫，干则灰苍色，润则青紫色。

砚石不是玉而似玉，是石头而非一般的石头。一般石头为砂岩石，多暴露于地表，是构成地壳的主要成分。砚石为泥质岩石，多藏于砂岩之下，在地壳中储量极少。砚石如同矿藏，极难发现，也极难开采。砚作为文房之宝，其美难得，其获取也极难得。所以，采砚石多在人迹罕

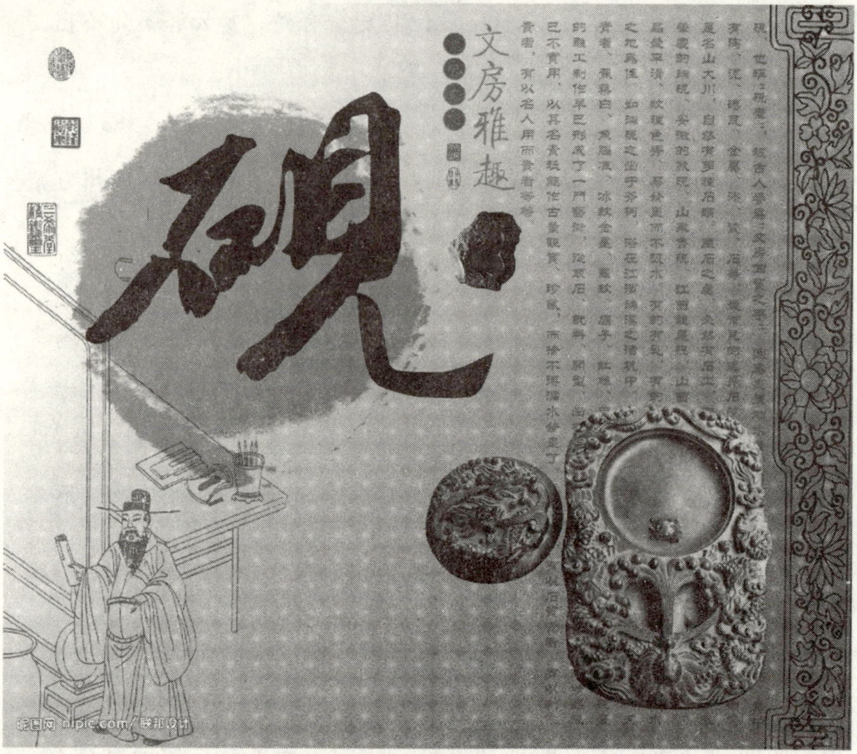

至的深沟大穴。唐代徐坚的《初学记》中“溪源，石穴”记：“《永嘉郡记》曰：砚溪一源，中多石砚。刘澄之《宋永初山川古今注》曰：兴平石穴，深二百丈许，石青色，堪为砚。”永嘉郡，在东晋至唐初为今浙江省温州市。永初，南朝宋武帝刘裕年号。溪水源头，多为荒野，石穴二百丈。宋代吴淑的《砚赋》起句即说：“采阴山之潜朴，琢圆池于璧水。”砚石为泥质石，所以坚而不刚，细而不滑，滑而不腻，涩而不滞。砚石又长期涵濡于阴湿环境中，因此润而不燥，凉而不温。所以好的砚石，可以磨墨细润无声，润泽而墨汁不热，保持住墨既有的色泽、香味和光艳。

砚石质性之美难得，名砚的自然纹彩之美也难得。大凡名砚，都有其独一无二的纹彩，为造化成就，非人力能为。

端砚石的眼，即端石中含有的圆形斑块，如禽鸟眼目。实际上是砚石中所含的杂质。这些如禽鸟眼的圆斑，给砚石增添了许多生趣，也是识别端石粗细、润燥、滑涩的重要标志（后文将专节描述）。最奇的要数一枚叫“天成七星砚”的端砚，砚池外有七个眼排列而成的北斗七星状，竟毫厘不爽，真可叹为观止。（见明代高濂《遵生八笺》）

歙砚石的金星罗纹，也是砚石中的杂质所致。其纹彩多可入画，据宋代洪景伯的《歙砚谱》略作列举：

眉子石，其纹七种：

> 金星地眉子、对眉子、短眉子、长眉子、族眉子、阔眉子、金眉子。

外山罗纹，其纹十三种：

粗罗纹、细罗纹、古犀罗纹、金星罗纹、角浪罗纹、松纹罗纹、石心罗纹、金晕罗纹、丝纹罗纹、刷丝罗纹、倒理罗纹、乌丁罗纹、卵石罗纹。

水舷金纹，蕨状十种：

金纹如长寿仙人者、青斑金纹如鹤舞者、金纹如双鸳鸯者、金纹如斗者、金纹如枯槎（木筏）仙人者、如金云气者、眉如卧蚕者、如双鱼蹲鸱者、金纹如湖中寒雁者、如金壶瓶者。

罗纹，一种布纹，其化作图纹，可变幻无穷。

洮石砚的鸭头绿，也是无与伦比的色彩，其绿如蓝，其润如玉，美不可言。

青州（今山东省青州市）红丝石。经打磨后即见其纹理，红黄相间。大抵黄地者为红丝，红地者为黄丝。

燕子石。其石上有图案如燕子如蝙蝠飞翔状，实际上是石中所含三叶虫化石。其名又叫蝙蝠石。产于山东大汶口一带。上古此地为近海处，故有三叶虫。

美石既难得，一旦获得必定精雕细琢。在其身上融进自己的文化精神及生活情趣，方得尽兴。砚的研制可以有千姿百态，其实质不出精神和情趣两个方面。先看两枚出土汉砚：

汉代盘龙三足石砚。1976 年山东省安丘县黄旗堡镇杞城村出土。石砚呈圆形，通高 12 厘米，直径 15 厘米，由砚身、砚盖和砚石三部分组成。砚身高 4 厘米，砚面平滑，尚存墨迹；周边刻有三条盘龙，龙头下伸形成三足。研石雕成一个蹲羊，高 4 厘米。砚盖通高 8 厘米，表面刻有五龙，正中一龙，形体较大，昂首挺立形成盖纽；盖周围刻波浪纹，以衬托蛟龙出水的雄姿；其余四小龙较小，刻在纽四周的斜面上，如在水中游荡。整个砚盖采用深浮雕与浅浮雕相结合的方法。在盖底与盖纽相应处，刻有一略大于研石的圆形凹槽，研石恰好藏于其中。

汉代螭盖三足石砚。1980 年 10 月为甘肃省博物馆所收集，出土于天水市隗嚣宫遗址。砚通高 12.5 厘米，直径 13.5 厘米。砚盖刻作双螭盘绕，双螭有耳，互咬对方颈部，颈下透雕成孔。前右脚斜立向外，前左足曲跪，中腰盘转，后二足匍匐。砚盖斜面阴刻着二虎和斜平行线。盖曲凹处还遗留朱红色的痕迹。砚身通高 5 厘米，砚面平坦，周边略低，正与盖吻合。龙是中华民族的图腾，神龙飞天历海，正是中华民族崇尚的雄健之象。这个汉代螭盖三足石砚精巧就在雕刻与砚的实用性的高度和谐，设计极其巧妙，浑然一体，没有多余或不足处，了无遗憾，是追求完美的结果。螭是没有角的龙，是龙的属类，与虎相配，体现了威严雄健。两枚砚部精雕细刻，像是官署所用。

再看宋代高似孙的《砚笺》中所列砚洋和名目：

凤池砚	王堂砚	玉台砚	蓬莱砚	辟雍砚
房相砚	郎官砚	凤字砚	人面砚	曲水砚
八稜砚	四直砚	莲叶砚	马蹄砚	圆池砚
玉环砚	舍人砚	水池砚	太师砚	东坡砚
都堂砚	内相砚	葫芦砚	月池砚	双履砚
只覆砚	方池砚	斧砚	圭砚	院砚
鼎砚	天砚	蟾砚	鳌砚	笏砚
瓢砚	璧砚	琴砚	莺砚	箕砚
山石砚	山字砚	鹰扬砚	太极砚	汉壶砚
凤嗉砚	松断砚			

以上所列，远不能穷尽既有的砚，但也可略窥见个中大概。其中多有官署官爵及附属物为名的砚，明白地体现出文化人治国平天下的生活

理想，和以文治国的传统文化特色。

其名目样式的第二方面是体现文人的情趣，如表现文人生活风尚的琴砚、莺砚、莲叶砚、汉壶砚等，以清高古雅为尚。见其形，可思其境：琴之悠扬，山之峻拔壮伟，莺之清丽，莲之高洁，马之逸态，汉之古远，鼎之沉雄……足令人思飘万里，神采飞扬，岂非快事！这些情趣或许于社会无关，但文人一旦没有了这些情趣，他的生命便会很快地枯萎了。

第三个方面是寄托了文人信念的名目或样式：蟾宫折桂，可以激励文人的仕进之心，不应视为庸俗；东坡砚，寄托着对文化巨人的深切缅怀；只履砚，可以想见达摩祖师面壁九年的执著，激发人们为真理而生活的力量；松断砚，回旋着松树高洁坚贞的韵律；四直砚，方刚有则，是为人品性的风范。

总之，民族的文化精神和文人士大夫的情操赋予砚台古朴文雅的形象及名称，构成了砚台形制与名称特定的文化内涵。

古人取材制砚不止于用石。

铁砚，用生铁铸成。《拾遗记》载，张华作成《博物志》十卷，晋武帝于御前赐予青铁砚。此物为于阗国所献铁，中国铸之为砚。后世有熟铁为砚的。宋代李之彦《砚谱》记：“青州熟铁砚甚发墨，有柄可执。”

铜砚。米芾《砚史·样品》载：“晋砚见于晋顾恺之画者有……十蹄圆铜砚，中如鏊（煎大饼用的平底铁锅）者。”

银砚。《魏武（曹操）上杂物疏》记：“御物三十种，有纯银参带台砚、纯银参带圆砚大小各一枚。”

水晶砚。《砚史》记，是信州（今江西省上饶市）所出。不能发墨，只能把磨好的墨汁倒进里面，当作盛墨汁的用具。

陶砚、瓦砚。《砚史》记，陶砚，是相州（今河南安阳市）人用熟绢淘澄泥制成。瓦砚，《文房四谱》记：“魏铜雀台遗址，人多发其古瓦，琢砚甚工，贮水数日不燥。”

蚌砚，即以蚌壳为装饰的砚台。《南史·庾易传》记：“安西长史袁彖钦其（指庾易）风，赠以鹿角书格，蚌盘，蚌研，白象牙笔。”

竹砚。《文房四谱》记：“西域无纸笔，但有墨，以瓦合，或竹节，即其砚也。”

木砚，大概为隐士所作。《异苑》记，有个叫蒋道友的人，在水边见一“浮柤”（即水上漂木），用来作砚，成鱼的样子，并画上道家的符谶，据说还有神力。

不管用什么材料作砚，都不及以石作砚。因为石质才是砚材的“真材本性”。《砚史》说，宋人以石为砚的正材。东坡《书青州石末砚》说得极明白：

> 柳公权论砚，甚贵青州（今山东青州市）石末……此砚青州甚易得，凡物耳，不足珍。盖出陶灶中，无泽润理。唐人以此作羯鼓（古羯族乐器，唐代多用之于演奏西域乐曲。形如漆桶，下以小牙床承受，二杖击打，声音短促激烈）腔，与定州（今河北定县）花瓷做对，岂砚材乎？砚当用石，如镜当用铜，此真材本性也。以瓦为砚，如以铁为镜。人待之瓦铁也微而贵之也。轻粗能为墨，照影便称奇物，其实岂可与真材本性同日而论哉！

宋人多以此论为然。李之彦《砚谱》中对各种砚给予介绍后，也说，“砚当用石，镜当用铜，此真材本性也。以瓦为砚，如以铁为镜耳。”

二　采阴山之潜朴，琢圆池于璧水

——谈古代砚石的采发及制砚

前面说过，砚石为一种泥质岩石，多藏于砂石之中，储量不多。所以砚石极不容易被发现，更不用说好的砚石了。一经发现，人们便在那里不断采发，形成深浅不一的砚坑。在著名的端砚石与歙砚石的采发之处，情形便是这样。

端石，以出产于古代的端州而得名。端州，唐代治所为高要郡。北宋政和年间，太上皇赵煦藩居于此，赐名为肇庆府。今为广东省肇庆市。砚石出于府东三十里的斧柯山，亦名烂柯山。山在西江羚羊峡南岸。斧柯山山势壁立，下际江水。自江边登山行三四里，即到砚岩。砚岩分为四处：最下者为“下岩”，砚材最好，但采发最难；稍上为“中岩”；顶上为“上岩”，砚材各有所胜；山背为“龙岩”，偶有佳材。

斧柯山，传说是晋代樵夫王质看见仙人下棋的地方。梁代任昉的《述异记》说，晋代有个叫王质的樵夫进山砍柴，看见几个童子围在一起下棋，且笑且歌，王质挨进去观看，并把斧子放在一边。一个童子顺手给他一枚如枣核状的果实，王质吃了后便不觉饥渴，直到看完一局。那些童子催他回家。王质找见斧子，而斧柄（柯）已经朽烂。因到家中，却不见一个熟识的人，一询问，才知道已经过了数代，于是感慨不已。故事中的山因取名“烂柯山”，在今浙江省衢县南边。故事中感慨人世变化如棋局，观棋一回，人间便历数代，给人很深的印象，各地方志多加以附会，于是河南新安、山西沁县、广东高要县等地都有了“烂柯山”。

下岩面临大江，在宋代时有两个洞口，一个洞口为进入采石的通

道，一洞专供泉水流出，叫水口。由于下岩砚坑长年被泉水所没，洞口又被上石所掩，多年未开采，到宋初，已很少人知道有端砚石了。苏易简的《文房四谱》记："世传端州有溪，因曰端溪，其石为砚至妙，益墨至洁……或云，水中石其色青，山半石其色紫，绝顶者尤润，如猪肝石者佳。其贮水处有白赤色点者，世谓之鸲鹆眼。"记述意不确定，所以人多不了解。当然，歙石砚名重一时也是端石少有人知的另一原因。后来米芾到端石产地去考察，将端石采发的情况写进了《砚史》，端石或许才又为人知。《砚史》记：

岩有四：下岩、上岩、半边（一作壁）岩、后砾岩。余尝至端，故得其说详。

下岩第一。穿洞深入，不论四时，皆为水浸。治平（宋英宗年号）中贡砚，取水月余方及石……下岩既深，工人所费多，砚值不补，故力无能取。近年无复有矣。闻仁庙（即宋仁宗朝）以前，赐史院官砚多是。其后来岁贡唯上岩石。

李之彦《砚谱》记“端溪”：

端溪有斧柯、茶园、将军地，同是一溪，唯斧柯出者，大不过三四指，呵津汗滴沥，真难得之物。茶园次之，将军又次之。

之彦为宋人，已渐能知其详。宋代叶樾著有《端溪砚谱》，表明南宋初端石已被人重视。书中记述端石砚坑分布甚详，是考察端石砚坑历史早期的珍贵资料。其书记述端石砚坑情况道：

下岩之中，有泉出焉，虽大旱未尝涸。下岩之上曰中岩，中岩之上曰上岩，自上岩转山之背，曰龙岩。龙岩，盖唐取砚之所。后下岩取石胜龙岩，龙岩不复取。自山之下分路稍东，至半边山诸岩。西南沿溪而上曰蚌坑，龙岩斧柯山脚谷中石也。大抵石以下岩为上，中岩、龙岩、半边山诸岩次之，上岩又次之，蚌坑最下。此岩石之品也……

（下）岩之中，岁久崩摧，石屑翳塞，积水屈曲，浅深入

所莫测。以是石工不复能采矣。今世所有下岩砚，唐、五季、国初时物也。今欲得下岩北壁石者，往往于泉水石屑中得之，若南壁石上或可采，然自崇观（宋徽宗年号崇宁与大观）以后，亦罕得矣。北壁石盖泉生其中，非石生泉中，其润可知矣。岩之上虽秋冬干旱亦未尝涸，有泉珠散落如飞雨不绝……南壁石即泉水半浸者稍不及北壁……

上岩有三穴，上穴曰土地岩，以土地祠居其上名焉。中岩曰梅树岩，下穴今石工以为中岩者是也。下穴两口其间通为一穴，皆中岩也。土地岩亦有两穴，其中亦相通……

端石砚坑的情状在宋时大致如此。表明，下岩石虽好，但开采极不易，即使洞中崩塌没出人命事故，也足以让人心惊胆战。上岩、中岩虽较容易开采，石脉似已凿尽。文中表明端石被开采是从上到下，表明对砚材的认识和发现是从表面开始，逐渐深入，是合乎认识过程的。李贺《杨生青花紫石砚歌》中说："端州石工巧如神，踏天磨刀割紫云。"踏天，是在悬崖上的动作。但下岩的开发自元代以来就受官方控制。元代一直禁止开发，至明永乐、明宣德年间开放过又被关闭，明万历年间开放过一次，随即又关闭了。到清代才开放禁令，到康熙年间，下坑已被六次开采，洞愈深石愈美。但下坑开采仍由政府主管。（见清代计楠《石隐砚谈·溯源》）清代曹溶的《砚录》记云：

国朝（即清代）为封禁设一把总守之。今之则荒草弥望，石砾没径，人迹罕到。然深水所封，天地秘固，非王侯将相不能议开。故虽土人不能得之。其号为端溪售于外方者，皆他山之石，至贵则顶山之石，同类而异气者也。

即使允许百姓开采下坑，人财之力都不能承受。计楠《端溪砚坑考》记，乾隆丁酉（公元1777年）两广总督杨景素开大西洞“用三千余金”，不是一般的富豪可以承担。曹溶的《砚录·采凿》记：

山拔地数百尺，其入山之口东南向，常年为土所掩，铲土深丈余，始见石门。高不逾（过）七尺，广不过五尺，皆巉削廉锐，人矮行乃得入。望之暗暗然，入洞又复下行数十步，蛇盘蚓曲，达于采石之中。空如一间屋者，每丈许留石柱拄之。如是者凡三四处。盖自唐以来积工铲凿之所致也。空处皆受水，四时盈而不涸。盖地势洼下，山外雨淹既输其中……开山者秋尽冬初募人累数百，人操一瓢林立如贯鱼，舀水瓢中，递出之。人足不移，而水潜去。费莫大于此。水既去，以枯槁（干树枝）藉足以燃脂油之灯，使烟不灼目，仰而凿石，人日一方。石皆圆，纵横之理有小白脉可察，因而凿之。凡石十方之内，中（合意，合格）材者不二三（即十分之二三），中材五十方之内，品贵者不二三，品贵百方之内，有眼者不二三，有眼十方之内，方圆五六寸可制为砚者不二三。盖格（质量）愈上则病愈多……其纯粹缜细，一片紫玉，难之又难，百金不易也。

端石下岩砚坑，采石如此之艰难，令人咋舌。

因此，下坑每开采一次，都有明文记载。《砚史》中提及治平年间开采下坑的洞口，到清代还可见书有“宋治平四年差太监魏某重开”的字样，可见郑重其事。下坑每重新开采，则排水愈困难。计楠《端溪砚坑考》记“吴公（淞岩）重开大西洞”事：

洞势微高，开凿年久，中与大屋，自洞口至底相悬（去）二十八九丈。每隔三尺排坐一人以递水，开至东洞须坐四十余人，至西洞须坐八十余人，方得水干。其采石之法，一如运水人数……唯冬月水涸时可采，而运石车（作动词）水先须两月余，一至春水发生，技无所用。

开采之先，还须准备牺牲酒肴以祭告本地山神。这种仪式，自宋即有之。《文房四谱》记，据说前人在端溪采砚，一定要准备牲酒祭告山神，不然，顿时雷电大作，天昏地暗，不知道采砚的地方在何处了。这种风俗一直延续到清代。祭祀山神的实际意义应当是，开采砚石于工人有极大的风险，风雨雷电、毒虫猛兽、水灾坍塌等随时都有可能危及工人的生命安全。有了祭祀，如同喝了壮胆的烈酒，可以在镇定中避免不少无谓的伤害。

歙砚石，也叫龙尾石，以产地歙州（其治所为今安徽歙县）及婺源县（今江西婺源县，唐宋时属歙州）歙溪龙尾山得名。宋代洪景伯《歙砚谱》记，唐开元时，一个叫叶氏的猎人追逐野兽，至一处岩石重叠如城墙，其石莹洁可爱，便带了一块石头回家琢制成砚，其温润发墨甚过端石，便进献给地方长官，这位长官很喜爱这种砚石，于是征集工匠斫石为砚，献与朝廷。叶氏子孙也因此以制砚为生计，这一带（龙尾

山）的砚工也多为叶氏的后代。一位叫李少微的砚工被朝廷提升为当地的砚务官，专管进贡歙砚的事。《弘治徽州府志》记，自南唐时至宋代，朝廷一直在当地设砚务官。这和端砚的采制一样。

据洪景伯的踏访，龙尾山主体并无砚石，而周围其他山地，绵延百里，处处皆有砚石。大约是当地人取龙尾的美名，借以惊动世人，其实，当地砚坑及石名都与龙尾无关。在唐代，歙砚之名似以石的纹彩命名，《清异录》中记："开元二年，赐宰相张文蔚、杨涉、薛贻宝相枝（斑竹毛笔）各二十，龙鳞月砚各一……鳞，石纹似之；月，砚形象之；歙产也。"书中又记，萧颖士曾在李韶家看见一枚歙砚，质量极好，萧称此砚为"三灾石"。

歙石砚坑除少数在溪水中，大多为深土掩盖，处于悬崖峭壁，开采甚不易。《歙砚谱》记：

> 1. 眉子坑在罗纹山，开元时采发，高距地面九丈五尺，坑宽二丈六尺，深一丈三尺。
>
> 2. 罗纹坑，为砚户戴义等八人承包，年交税金二十金，距地面七十五丈，洞宽十八丈，深十五丈三尺。石藏土中，土深三四丈，见石处名叫"寨头"。
>
> 3. 水舷坑，临近溪水，冬季水涸时才能开采，春夏都不行，开地丈余深才看见砚石。
>
> 4. 水蕨坑，距水面五丈五尺，洞宽一丈三尺，其石纹如浪，石工不知如何开采，当时已废弃四十余年。

《歙砚谱》又记，砚坑多在深山大壑中，道路艰难："自歙州大路一百八十里至西坑口，入山三十里至罗纹山，皆山谷大林莽，盘曲鸟道也。自婺源县大路三十里过溪，皆大岭重复。九十里至罗纹山下。自州至济源口一百九十里；入小路七十里至济源。自县至济口八十里，入小

路七十里至济源。”

又记，开采前也要准备牲酒祭祀山神。“凡取石先具牲醪祝版，择口斋戒，至山下设神位十余于坛埠之上。祝讫，发之。若稍亵慢，必有蜂虿（蝎子一类的毒虫）虫蟒毒物之患立出。盖山川神物，所拥护秘惜，不欲广传人间，所得不过百十枚即竭矣。又当再祝之。被啮死者十余人。今皆祝飨也，冀其阴助，不得不爱重之。”

歙砚坑似更容易坍塌。元代江光启《送侄济舟售砚序》记：“（前）至元十四年辛巳（公元 1277 年，应为丁丑），达官属（亲属）婺源县令汪月山求砚，发数都夫力，石尽山颓，压死数人，乃已。”又记：“今（后）至元五年十月二十八日夜，堙（砚坑坍塌）声如惊雷，隔溪屋瓦皆震，禽惊兽骇……六十年间（公元 1277—1339 年）两见此事，亦可一慨！”

歙石砚坑在元两次崩塌，后来就一直没被开采，当地砚工星散而尽。直到清代乾隆四十二年才开采过一次。后来流传的所谓歙石砚，多为石屑中拾取较完整的石块琢成，与采发之石有天壤之别（清程瑶田《记砚》）。

不但端石歙石难得，其他砚石也同样难得。宋赵希鹄《洞天清录》

记，洮河绿石砚，“石在临洮大河深水之底，非人力所致。得之为无价之宝。耆旧相传，虽知有洮砚，然目所未睹”。

砚石开采如此不易，难怪文人得一端石或歙石砚会欣喜若狂，相互酬唱，或咏叹友情，或发慷慨之唱，或抒身家之悲，洋洋洒洒，粲然可观。却极少为砚工唱一曲悲歌。下引李贺《老夫采玉歌》，也算为砚工发一千古之叹：

采玉采玉须水碧，琢作步摇徒好色。
老夫饥寒龙为愁（怒），蓝溪水色无清白。
夜雨岗头食榛子，杜鹃口血老夫泪。
蓝溪之水厌生人（活人），身死千年恨溪水。
斜山柏风雨如啸，泉脚挂绳青袅袅。
村寒白屋念娇婴，古台石磴悬肠草！

诗的结语，读之断人心肠：一人为家，两处牵挂；那采玉场中的石级，风雨中飘摇的草树，无不萦系在老妻心怀；杜鹃口血，流自老夫心口；泉脚挂绳，时时惊起一场噩梦！宫中的步摇悠闲，岂知平民的身家艰危……此情此景，或许能比拟采砚工人的境遇。

古人也有拾取较好石块作砚的，但为数极少。《文房四谱》中引唐代李匡义《资暇集》说，一种较有名的砚，叫稠桑砚的，即出于偶然的拾取，后来有人以这种偶然发现的石块制砚，还发了家业。稠桑，古驿名，在今河南灵宝县北面。

叶樾的《端溪砚谱》中记，东坡曾于野外寻得石块，不加斧凿而作砚。后来人们加以仿效，寻找自然平整的石块作砚，这或许可以算一种文士之野趣。

除采发砚石作砚外，人们还淘泥作砚，叫瓦砚或陶砚。最迟不晚于汉代。

现存的十二峰陶砚，是西汉时的遗物。表明西汉人已用陶土制作具有装饰性的砚台了。由于那时研墨的方式不同于后来，这个砚还只能作盛墨汁用。

用陶制可以磨墨的砚，或许受了铜雀台古瓦的启发。铜雀台由曹操建于建安十五年，地址在今河北临漳县西南。宋代洪迈《容斋续笔》记，王文叔曾用其古瓦作砚，赠予苏东坡、黄山谷。洪迈的祖父也收藏有两枚铜雀台古瓦砚。《文房四谱》记，在魏铜雀台遗址，人们发现了许多的古瓦，琢为砚台，贮水数日不涸。据说，前人制造这种瓦，是用布淘澄泥，掺和胡桃油制成，所以同其他的瓦不一样。书中又记：

> 作澄泥砚法，以墐（沟边的路）泥令入水中，挼之，贮于瓮器内，然后别从一瓮贮清水，以夹布盛其泥而摆之。俟（待）至细，去清水，令其干。入黄丹，团和溲如面。作一模如造茶者，以物击之，令至坚。以竹刀刻作砚之状，大小随意。微阴干，然后以刺刀子刻削如法。曝过，间宜（间隔适宜）垛于地，厚以稻糠并黄牛粪搅之（作燃料），而烧一伏时。然后入黑醋，贮米醋而蒸之五七度。含津宜墨，亦足亚于石。

砚石是由泥经地壳变迁，高温高压而形成石块，陶也是由泥，经水火药醋而成，与自然砚石异曲同工。米芾《砚史》记云：

> 相州（据后文铜雀台，应指魏国相州，在今河北临漳）土人自制陶砚。在铜雀台上，以熟绢二重淘泥澄之。取极细者熘为砚。有色如春波者，或以黑白填为水纹。其理（质）细滑着墨，不费笔，但微渗。

澄泥砚大约起于唐代。宋代高似孙《砚笺》记："虢州岁贡十砚"，"虢澄泥，唐人以为第一"。虢州，今河南灵宝。人们把淘泥烧治成的砚叫"澄泥砚"，以山西新绛县（古称绛州）最好，绛州澄泥砚为中华四大名砚之一。宋代张洎《贾氏谈录》记：

绛县人善治澄泥，缝绢袋至汾水中，逾年而取之。陶又为砚，水不涸。

有用缸瓦制砚，堪称绝活。苏辙的《缸砚赋》序中记：

先蜀之老有姓滕者，能以药煮瓦石，使软可割如土。尝以破酿酒缸为砚，极美。蜀人往往得之，以为异物。余兄子瞻尝游益州，有以其一遗之，子瞻以授余。

有补砚工艺，也堪称绝技。李之彦《砚谱》记，石晋时关东有个李处士（未做官或不做官的文人）能补百碎砚，带回家十来天就可以把破砚补缀如新，看不出一点痕迹。

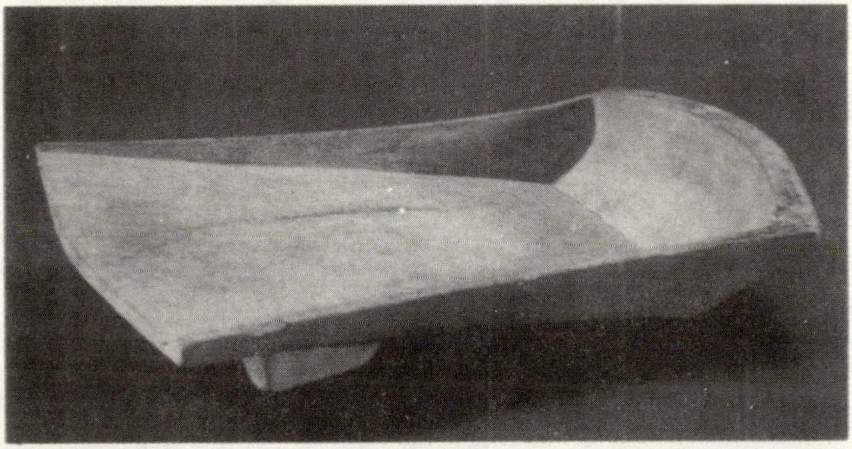

三　玉德金声寓于石

——砚品杂谈

四大名砚——端砚、歙砚、洮河砚、澄泥砚中，除澄泥砚为人工烧制外，其余三种都出自天然的砚石。砚的质量取决于砚石的质量；即使出自同一产地的砚石，其质量也有极大差别。谈砚品，主要是谈砚石的质量。

观砚的大体要求是“涩不留笔，滑不拒墨”。具体要求是，发墨细润，不发热，不损墨的色香，并且有助于墨的色香。《砚史》中对砚的品性作了中肯的评价：

> 大抵四方砚，发墨久不乏（光）者，石必差软，叩之声低而有韵；岁久渐凹。不发墨者，石坚，叩之坚响，稍用则如镜走墨。予所品谓目击，自收经用者，闻虽多，不录以传疑。古砚无不佳，岂不常落非好事者手？用之则寻弃掷之矣。唯久在人间，贤庸并喜，是以不乏传也。

砚石发墨与否，关键在石之软硬、粗细；石硬宜粗，石软宜细。所以端石宜粗，歙石宜细。古砚石较粗糙，因为汉代以前磨墨如碾粮食，砚是当磨子用，石质不必考究。到了用手捏住墨研磨，石质就非讲究不可了。讲究石质，大概是从唐代开始，于是有了端石和歙石的出现。

端石砚坑，从上到下有四处，唯下岩水坑的质量最好，一直为政府所管制，采够贡砚数日即关闭。《砚史》记述端石品种如下：

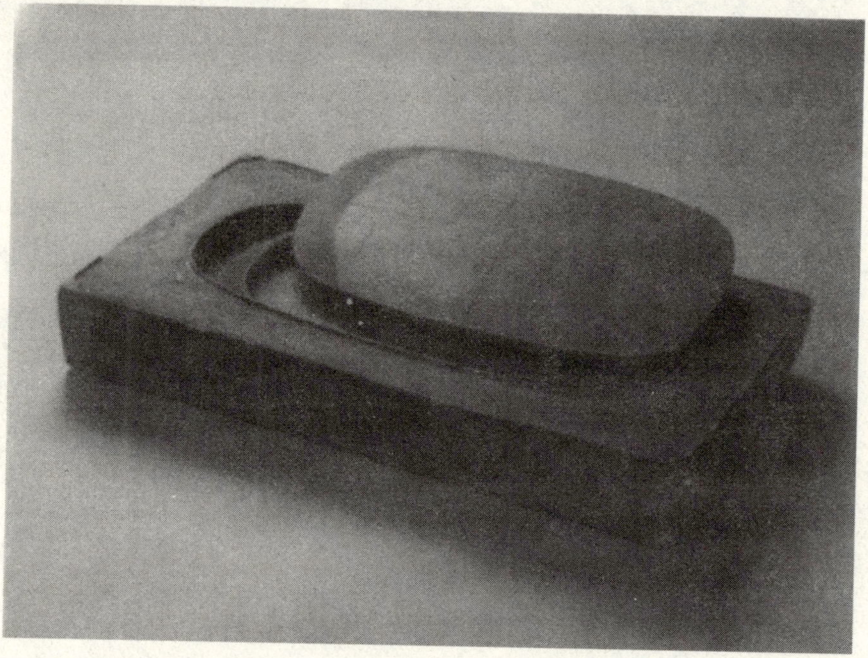

1. 下岩石细，扣之清越。鸲鹆（八歌的别名）眼圆碧，晕多，明莹。石嫩甚者如泥无声，不着墨。清越者温润，著墨快，不热，无泡，然良久微渗，若油发艳。亦有不乏者。然温州岩石十磨，此石三十磨方相及。

2. 上岩石性干，紫色深，理粗，性硬，眼黄差不圆。基深处有润者，但不及下岩。上岩石开始用发墨快，半月后即光滑拒墨，须用软石磨粗才可用。石扣之坚响。

3. 半边岩石理同上岩，色青紫而近黑，多瑕。有长如卵之眼，有死眼、瞎眼、翳眼等，青黑杂乱，粗者费笔，细者拒墨。当地人多用来雕琢文房什物。

4. 子石。是人以石理成涡状者称名，甚非。河中有卵石，大石中则无（按，大石中实有子石如卵者）石理成涡状者，发墨而无光。

端石一般以眼分品类。叶樾《端溪砚谱》记："凡有眼之石在本岩中尤缜密温润。端人谓石嫩则眼多，老则眼少。嫩石细润发墨，所以重有眼也。青脉者必有眼。故腰石（中岩石）、脚石（下岩石）多有青脉。而顶石（上岩石）多莹净。端人谓青脉为眼筋。"

又记："夫眼之别者曰鸲鹆，曰鹦哥，曰雀眼，曰鸡眼，曰猫眼，曰绿豆。各以形似名之，翠绿为上。"

眼有死活，昏翳，高低等。李之彦《砚谱》记："生于墨池之外者谓之高眼，生于内者曰低眼，高眼尤可尚。"又记："又有死眼活眼之别：圆晕相重，黄黑相间，翳精在内，晶莹可爱，谓之活眼。四旁浸渍不明谓之泪眼。形体略具，内外皆白，殊无光彩，谓之死眼。活眼胜泪眼，泪眼胜死眼，死眼胜无眼。"

又记："端石有眼者，最重谓之鸲鹆眼，石纹精美如木有节……眼之美者，青黄绿三色相重，自外至心凡九重。其大者尤为稀有。或布列砚中如北斗心房（皆星宿名）之形。土人以眼多少为价重轻。"

《端溪砚谱》记，"石有眼则易分品第"：

> 眼贵翠绿正圆有瞳子。
>
> 眼赤黄皆下品也。
>
> 眼赤黄轻，青绿重，即渐为上品矣。

清代朱彝尊（字锡鬯，号竹垞）《说砚》论端石品第以花纹列次第：

> 上岩者质纯而艳，微紫；中岩者质润而凝，色渐青。下岩者质淡而细，色近白，有眼；沉水观之，若有萍藻浮动其中者，是曰青花，试以墨，若熬釜涂蜡者然，斯为美矣。
>
> 其余纹不同。紫气奔而回礴谓之火捺；聚而为轮谓之金

钱；紫色既竭，白气次之，谓之蕉叶白；凝绿若洒汁谓之翡翠；白凝于绿，纤而长者谓之玉带……

清代计楠《石隐砚谈》中“论蕉叶白”：

凡端石有火捺处，质必坚劲，滑不可磨，至蕉白处，性必软，益墨。乃知火捺为石之病。

“论青花”中说：

宋人论砚，大概不讲青花，唯《古砚辩》始据唐吴淑《砚赋》（按，吴淑为北宋人，此言为唐人，错误），“点滴青花”一语，以证古坑青花子石。

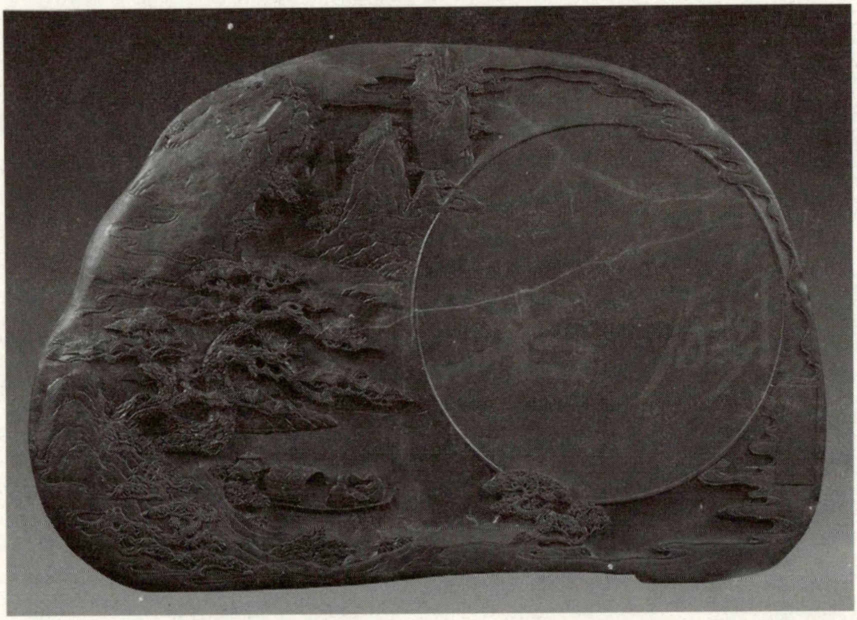

宋人就有把青花当作“鸲鹆眼”的，如李之彦解释李贺的《杨生青花紫石砚歌》中的“青花”。现在的注释也都是这样解说。据以上说，可知错误。朱竹垞《说砚》先论青花，后论石眼，知青花与眼是两样石纹。按常识，花斑与眼是截然不同的。

李之彦《砚谱》说：“端石以子石为上。在大石中生，盖精石也，流俗讹为紫石。又以贮水不耗为佳，有眼为贵。眼，石病也。官司岁以为贡，在他砚上，然十无一二发墨者，但充玩好而已。”或许子石为端石中美丽者，作摆设最能增色。这样，对端砚的需求变成了一种鉴赏，所谓“呵津汗滴”“贮水不涸”“有眼无眼”“上岩下岩”等等，都渐渐远离了实用原则，成为一股盲目附庸的风气。同时，不以为然的也大有人在。前面所引评论砚品的话，都从实用论眼，论纹饰，绝无舍本逐末之嫌。再看一段《梦溪笔谈》中所记，曾有人向孙之翰推销砚台，要三千钱一枚。孙氏问：“你的砚台好在哪里，就那么值钱?”那人说：“砚以石润为贵，此石一呵气便会流水。”孙氏说：“一天呵得三担水，才值三钱；买此砚有何用!”就没有买那人的砚了。

端石品类繁多，难以尽述，读李贺的《杨生青花紫石砚歌》，可对端石从开采到作砚来一次全面品味，也算对上文作一小结。

端州石工巧如神，踏天磨刀割紫云。
佣刓抱水含满唇，暗洒苌弘冷血痕。
纱帷昼暖墨花春，轻沤漂沫松麝熏。
干腻薄重立脚匀，数寸秋光无日昏。
圆毫促点声清新，孔砚宽顽何足云!

诗中一二句描写石工悬空采砚的情形，“踏天磨刀”，颇有鬼斧神工的风采。三四句写工人将石制成砚后，砚体润泽，水满欲溢的样子，冷血痕，即砚石上所现青花，可见砚石为神品。刓，刻削的意思。苌弘，春秋周敬王时的大夫，孔子曾向他问乐。晋公族内乱，苌弘助其一方，为周人所恨，被杀。传说他死后，血化为碧玉，尸体解化，意味着他的清白（事见王嘉《拾遗记》）。五六句赞砚的益墨。七八句赞砚的形体稳称，光彩照人。最后说砚的宜笔、适用。圆毫促点，即在砚上舔笔，使笔毫圆正。清新，是一种无比美妙的感觉。孔砚，这里应指大砚。诗中青花的美妙、深沉，砚的宜墨宜笔，都表明其砚品的非凡，读之使人能领略端砚之美所在。

歙砚产于古代歙州婺源县龙尾山一带，连绵百余里，砚坑极多，所产砚石各有差别。这里介绍几种有名的石品。

龙尾石。宋曹继善《歙砚说》记："龙尾石多生于水中，故极温润。性本坚密，扣之其声清越，宛若玉振，与他石不同。色多苍黑，亦有青碧苔。采人日增，石亦渐少。有得之岩崖中者，色白而燥，殊不入用。"

东坡《书昙秀畜龙尾砚》说：

昙秀畜龙尾石砚，所谓“涩不留笔，滑不拒墨”者也。制以拱璧，而以缺月为池。是蒋西鲁旧物。

宋人多言，南唐李后主留心笔墨，其所用龙尾石砚、廷珪墨、澄心堂纸为天下三绝。大约龙尾石为歙石之冠。《洞天清录》对龙尾石有较细描述：

歙溪龙尾旧坑、新坑。色淡青，黑湛如秋水，并无纹。以水湿之，微似紫，干则否。细润如玉，发墨如泛油，并无声；久用不退锋。或有隐隐白纹成山水星斗云月异象，水湿则见，干则否。此亦是卵石，故难得。大者不过四五寸，多作月砚，就其材也。或有纯黑如角者，东坡最贵此品；今得之亦贵重不减端溪下岩。然龙尾旧坑虽极细，犹微涩墨；端溪下岩则直如鏊（平底铁锅）盘塌蜡矣。

龙尾细石，有过端溪下岩之处，端溪下岩细嫩之石，几乎不能发墨。东坡有《龙尾砚歌》并序，说出一段公案，诙谐作答，笑语解颐，可发人一笑：

余旧作《凤咮（鸟嘴）石砚铭》，其略云：苏子一见名凤咮，坐令龙尾羞牛后。已而（随后）求砚于歙，歙人云，子自有凤咮，何以此为？盖不能平也。奉议郎方君彦德有龙尾大砚，奇甚。谓予，若能作诗稍解前语音，当奉饷（赠）。乃作此诗。

黄琮白琥天不惜，顾（只）恐贪夫死怀璧。

君看龙尾岂石材，玉德金声寓于石。

与天作石来几时，与人作砚初（本）不辞。

诗成鲍（照）谢（朓）石何与，笔落钟（繇）王（羲之）砚不知。

锦茵玉匣俱尘垢，捣练支床亦何有？

况嗔（怪）苏子凤咮铭，戏语相嘲作牛后。

碧天照水风吹云，明窗大几清无尘。

我生天地一闲物，苏子亦是支离人。

粗言细语都不择，春蚓秋蛇随意画。

愿从苏子老（死）东坡，仁者不用生（硬）分别。

先说天本不生所谓瑰宝，只是由于人的看重才有了所谓的珍宝。龙尾之石的确非同一般石材，金声玉德，融于一身；但人的才华却与此无关，一旦人与收藏砚之匣都化为了尘埃，那砚石再好，也只能用来“捣练支床”。所以大可不必把好的名声或好的物品看得那么实在，也不必责怪苏子的粗言细语了。苏子也如砚石一样，本来也算不得什么，只是人们看重，才这样认真地对待。一副睿哲达观的样子，掩饰不住对龙尾石砚的垂涎。支离人，用《庄子·德充符》中意，言已忘形之言，实不必计较。“生”句分别用《坛经》语，说有见识的人不必分别善恶，硬去评断是非。有见识的君子不用同我这样的散人斤斤计较。

歙石的第二等石恐怕要数罗纹石了。其罗纹类别有：

细罗纹、暗细罗纹、古犀罗纹、瓜子罗纹、石心罗纹、金星罗纹、金晕罗纹、金花罗纹、绞丝罗纹、刷丝罗纹、松纹罗纹、卵石罗纹。

宋代曹继善《歙砚说》记："粗罗文稍细者易为磨墨，细罗文稍坚者最能发墨。或者以易磨墨为发墨，非也。唯蔡君谟论得其要；墨在砚中随笔旋转，涤之泮然尽去，此乃石性坚润，能发起，不滞于砚耳。若刷丝、松纹、角浪皆以其理疏易于磨墨，至于金星之类，乃其余事……瓜子罗纹，纹若瓜子。罗纹然此最佳者也。出水坑中，幸而得之不可期。或取罗纹侧为之，甚能乱真。"罗纹即布纹，纹正其点则方圆，纹斜侧点则如瓜子。以青色为上，以莹洁无星点者佳。粗者选细，细者择粗，是选石要点。宋人汪彦章诗《刷丝砚》，得罗纹石风采：

冰蚕吐茧抽银色，仙女鸣机号月窟。

故令玉质傲松腴，万缕秋毫添黼黻。

黼黻，古代礼服上的纹饰。纹理如丝，排列细密，刷丝罗文当如此。宋人何滈的《丝砚铭》则说：

研山骨，南唐物。茧山盆，纹不没。

眉子石，高似孙《砚笺》列：

金花眉、金星眉、对眉、短眉、长眉、簇眉、阔眉、金眉、雁湖眉、锦蹙眉、绿豆眉、鳝肚眉。

《歙砚说》中有解释："对眉子，石纹如人画眉而细，遍地成对者；锦蹙眉子，石纹潢，如眉子间有金晕；金星眉子，眉子疏匀而有金星间之；鳝肚眉子，眉子疏而匀，石纹如人字，膳肚纹间有金晕金星者；雁湖眉子，砚心有纹晕如汪池；四外眉子密密如群雁飞集之状……"眉子石色青或紫。眉纹短而集中的像卧蚕或犀纹，长而宽的像虎纹、松文。以对眉或雁湖眉为最精妙。东坡有《眉子石砚歌》云：

君不见成都画手开十眉，横云却月争新奇。游人指点浅颦处，中有渔阳胡马嘶。又不见，王孙青琐横双碧，肠断浮空远山色。书生性命何足论，坐费千金买消渴。尔来丧乱愁天公，谪向君家书砚中。小窗虚晃相妩媚，令君晓梦生春红。毗耶居士谈空处，结习已空花不住。试教天女为磨铅，千偈澜翻无一语。

东坡把眉子石砚之美比作丹青妙手画出的美人，可以倾城倾国。因

其眉眼的颦展，能勾人心魄，使君王不知国事，最后亡身亡国。渔阳胡马，用玄宗恋杨玉环事。又可使书生不顾性命之忧，千金买笑。买消渴，指患糖尿病的人，不顾性命安危，以美食美味求得口腹之快，用司马相如事。把眉子石砚置于小窗书案间，如同红袖添香伴读书，使人春梦联翩，晓镜红颜不消。却不能打动佛学造诣高深的高人，即使天女在旁梳妆打扮，这位高人也能大谈佛理空言。其次谐中把眉子石砚夸张得无与伦比。此诗是李方叔以古画观音向东坡调换得的。李方叔诗云："忆昔翰林苏谪仙，溪藤写赠眉子篇。"自注说："先生顷于南京尝写此篇赠予。"（见高似孙《砚笺》卷二注）。

翕石中也有子石，为歙石中精品（高似孙《砚笺》）。宋代崔德符《子石砚》诗说：

石家有儿玉含晶，嘘为云气吸为晴。
纯精与之相感并，孕育万状留千名。
黄昏鬼泣不忍听，且为白鹅了黄庭。

石家有儿，诙谐。磨墨之美可动天地泣鬼神，非神圣不敢用。白鹅黄庭，用王羲之为山阴道士抄写《黄庭经》换心爱的白鹅事。

歙石在唐开元年间即被发现，又如此之美，却不见唐人歌咏，是一怪事。宋人陶穀《清异录》记，唐开元二年朝廷即赐歙产龙鳞月砚给三位宰相。龙鳞大概为斜罗纹石，歙石多小，故多琢为月形，与宋人所述歙石风貌相合。既可为朝廷所赠赐，可见其品类之高，唐人诗中只见咏端石，不见咏歙石。或许歙石在唐代另有称名。宋代洪景伯《歙砚谱》记：

> 婺源现在唐开元中，猎人叶氏逐兽至长城里，见叠石如城叠状，莹洁可爱，因携以归。刊粗成砚，温润大过端溪。

在唐代，歙石是否就叫“叠石”呢？举唐人两首相关的诗，以待博识者参证：

娲皇补天残（余）锦片，飞落人间为石砚。
孤峰削叠一尺云，虎干熊跪势皆遍。
半掬春泉澄浅清，洞天彻地寒泓泓。
笔头抢起松烟轻，龙蛇怒斗秋云生。
我今得此以代耕，如探禹穴披峥嵘。
披峥嵘，心骨惊，座中仿佛到蓬瀛。

——庄南杰《寄郑碏叠石砚歌》

常时同砚席，寄此感离群。
清越敲寒玉，参差叠碧云。
烟岚余斐亹，水墨两氤氲。
好与陶贞白，松窗写紫文。

——刘禹锡《柳子厚寄叠石砚》

洮河绿石砚，是仅次于端砚、歙砚的名砚。洮河，在甘肃境内，是黄河上游的一条支流，河深水急，高峡夹峙，人烟稀少，流经岷县城。宋赵希鹄《洞天清录集》中记：

> 除端歙二石外，唯洮河绿石，北方最贵重。绿如蓝，润如玉，发墨不减端溪下岩。然石在大河深水之底，非人力所致，得之为无价之宝。耆旧相传，虽知有洮砚，然目所未睹。今或有绿石，名为洮者，多是漆石之表，或长沙谷山石。漆石润而光，不发墨，堪作砥石耳。

李之彦《砚谱·诸州砚》记：

洮河出绿石，性软，不起墨，不耐久磨。

其石品与赵希鹄所记不同。元代周密《云烟过眼录》记：

又洮石，名绿漪，如玉斗样……极精，然滑不受墨。

明代高濂《遵生八笺》所载砚图，有洮河绿石砚的图样，图后附说明：

此洮河绿石砚也。光细如玉。无少差异，唯不及玉之坚耳。色如新绿，葱翠可爱。真砚中宝也。

黄山谷曾得一枚洮河砚，有诗赞美说："久闻岷石鸭头绿，可磨桂溪龙纹刀。"后将此砚赠予东坡。东坡大喜过望，为这砚作铭说："洗之砺，发金铁。琢而泓，坚密泽。郡洮岷，至中国。弃于剑，参笔墨。"洮河砚由于开采极难，一直没得到应有的开发，所以流传极少。新中国成立以后，洮河石得到了开采，由兰州工艺美术厂琢制成砚，为世人共赏。

此外，自古以来全国各地也有不少地方特色的名砚，试略举如下：

山东一带自古就是广出名砚的地区。最早闻名的是青州的红丝石砚。这种砚本与端、歙、洮石砚齐名，共称四大名砚，由于石脉在宋代即被凿尽，少有流传于世，其名砚地位即被澄泥砚所取代。只是近年又在临朐发现了红丝石的石脉，红丝石砚又得见了天日，虽然石的产出、藏量都很少，但总算让人目睹了红丝石的风采。米芾《砚史·青州蕴玉石红丝石青石》记：

红丝石作器弥佳，大抵色白而纹红者慢，发墨，亦渍墨不可洗，必磨治之。纹理斑石赤者不渍墨，发墨有光，而纹大不入看。慢者经暍（伤暑）则包损，冻则裂，干则不可磨墨，浸经日方可用；一用又可涤，非品之善。

李之彦《砚谱·红丝石》记：

青州红丝石，外有皮表，磨砻即其理，红黄相参，理黄者其丝红，理红者其丝黄，须饮以水，使足乃可用，不然则渴燥。唐彦猷（宋人）甚奇此砚，以为发墨不减端石。蔡君谟（宋人）又言端石莹洁，唯有芒者尤发墨。歙石多芒，唯腻（细）者佳。盖物之奇者，必异其类也。

新中国成立以后红丝石重被采制成砚，赵朴初先生为作《临江仙》祝贺：

彩笔曾歌鲁砚，良材异彩多姿；眼明今更遇红丝。护毫欣玉润，发墨喜油滋。　　道是天成应避席，还推巧手精思；天

人合应妙难知。刀裁云破处，神往月圆时。

鲁砚，山东一带出产的砚的通称。眼明，因惊喜而眼放光彩。避席，古人席地而坐，避席即起身离座，表示敬礼之意。

青州有紫金石砚。高似孙《砚笺》记："青州紫金石，理粗不发墨，京东人用之。""紫金石出临朐，色紫，润泽发墨，如端歙姿，殊下。""晚唐竞取紫金石，芒润，清响。国初已乏，琢制不精，唯一脔琢平耳。"1973年，在北京的元大都遗址中出土一方紫金砚，有米芾的铭文："此琅玡紫金石制，在诸石之上。皆以为端，非也。元章。"

山东大汶口一带出产一种纹饰奇特的砚石，叫"燕子石"或"蝙蝠石"，以石上有像燕子或蝙蝠的图纹而得名。清代王士禛《池北偶谈》记，明崇祯丁丑（公元1637年）三月，一个叫张华东的人，春游泰山，夜宿大汶口，散步偶至水边，发现一种石头，光芒异样，细看："则一石可尺许，背负一小蝠，一蚕，腹下蝠近百，飞者，伏者，肉羽如生。蚕右有小凹，可以受水，下方正受墨。公制为砚，名'多福砚'。铭之云：'泰山所钟，汶水所浴。坚劲似铁，温润如玉。化而为鼫，生生百族。不假雕饰，天然古绿。用以作砚，龙尾继躅。文字之祥，自求多福。'"石中蝙蝠或燕子样图纹，是近海中三叶虫的化石。而大汶口远古为海的一部分。三叶虫形如燕子或蝙蝠。燕子石有黑如漆者，如紫砂者，如铜绿或如玉者。自明代张氏发现后，大汶口一带的制砚业便兴盛起来。

山东一带还有诸如淄石、田横石、砣矶石、尼山石、龟石等名砚石，做成砚，都叫作"鲁砚"。

天坛砚石，又名盘谷石，出于河南济源王屋天坛峰下盘谷泉畔。相传王屋是轩辕黄帝寻仙访道的地方，天坛峰即他祭天的坛台。其砚石大约开发于唐代，砚石纹理缜密，细腻，发墨，不伤毫，近似于端石。清代纪晓岚为此石砚作铭说：

石出盘涡，阅岁孔多。刚不露骨，柔足任磨。此为内介而外和。

不只是在赞砚，而且是在赞美一种理想中的人格：深沉、刚毅，平易待人，自有准则。

乐石，产于安徽宿州。以黑色为多，如纯黑、青黑、褐黑、青灰，属“黑色系”砚石。黑色系砚石多质理坚致，声清越，可制为磬，故名“乐石”。乐石也有较润软的砚石，属“玉蓉系”砚石，有蒸栗黄、胡桃玉、艾叶绿、粉青、藕色等颜色，并且有云雾风漪等暗纹，也有金星、银星、鱼子等纹，多生于黑石之间。宋李之彦《砚谱》记：“宿州出乐石，润腻发墨，但无石脉（即藏量极少）。”乐石在宋以后失传。近年来宿州政府组织了宿州乐石考古组，在宿州北山发现了乐石，并制作了一批石砚，效果极佳。

赭砚石，出江西修水。石赭黄，偶有绿晕，也有纯绿色。赭石细腻发墨，在清代为贡品。今修水工艺美术厂有赭石砚制作。

松花石，出吉林松花江下游。乾隆《弘历盛京土产杂咏十二首》序中说：“混同江（今松花江、黑龙江下游）产松花玉，可以为砚材。”松花玉即松花石，质理坚密温润，有洋绿、浅绿、黄色等颜色，并有刷丝纹，在清代为贡品，今通化市工艺美术厂制作为砚。

嘉陵江峡石，出四川合川县嘉陵江牛鼻峡口。开采始于明代中叶，清代开采制砚在这一带极兴盛。峡石坚密细润，灰苍色无纹，甚发墨宜笔，加盖贮水可数日不涸。

砚品中没涉及澄泥砚。现在，澄泥砚的产地比较广泛，山西、河南、河北、江浙一带多有生产，无论从其发墨宜笔或样制的悦目方面，都渐臻完美。

我国砚品繁多，不能一一枚举。以上不过见其大概；即使篇幅较多的端石、歙石，也只能涉及其主要的方面。

四　蛮溪大砚磨松烟

——谈砚与文士

文学四宝随人使用的日子，纸不过以日计，笔不过以月计，墨不过以年记，只有砚才可以随人终身。虽然人们都确认笔为书具之主，但砚之被人宠爱，确实远在其他书具之上。明代陈继儒的《妮古录》中说：“文人之有砚，犹美人之有镜也，一生之中最相亲傍。故镜须秦汉，砚必唐宋。”没有明镜的梳妆台是不可想象的，没有佳砚的古代书斋也是不可思议的。人生最大乐事，莫过于领受生命的温馨与美丽；美人之对镜，文人之用砚，老饕之对于美食，以及钱奴之对于财富，都会激活同类的感受，差异只在范围的广狭、趣味的高低。

文人的生命在于文化，文化之美在于人类的活动与大自然的高度和谐。文化滋养人的精神世界，如大自然滋养人的生命，可以称作人类的第二母亲；而文人则是这个母亲得意的宠儿。中国古代文人从文化中领受到母亲的滋养和慈爱，也领受到母亲赋予的生命之美丽，也深深地感受到了对于母亲的责任。如果说，文人的痛苦中蕴含着深沉的爱，那这完全是为了生养他的母亲及其母亲所赋予的生命，所谓歌于斯、哭于斯，都为的是生于斯、长于斯。这就形成了中国文人内在和外在独特的风貌。文房四宝之于文人，已不再是招之即来、挥之即去的用具，而是可以交流情感的亲朋好友，是心照不宣的知音，是难舍难离的伴侣。不难理解，中国古代何以有众多的关于歌咏文房四宝的诗文，尤其是对伴随文人终身的砚台。

文人看见砚，最先联想到的是砚对文化的巨大贡献。文人歌咏砚的功绩如同歌咏自己的劳动成果，如同农人歌咏收获。

东汉李尤《墨砚铭》云：

书契既造，墨砚乃陈。烟石附笔，以流以申。篇籍永垂，纪志功勋。

以流以申，即用笔墨表达心声，使之昭明于人世并流传不朽。篇籍永传，是民族文化赖以生生不息的必要条件。文人歌咏自己的文化，同时也缅怀民族文化的奠基人，如同人们缅怀自己的祖先。唐代王嵩萼《孔子石砚赋》，借砚追念文化巨人的身世及业绩，崇敬感佩，大有生不同时之叹：

昔夫子有石砚焉。邈观器用，宛无雕镌。古石犹在，今人

尚传。从叹凤兮何世，至获麟兮几年，世历近王近霸，年止几徂几迁。任往回于几席，垂翰墨于韦编。时亦远矣，物亦仍在焉……（砚）上荧荧以光澈，旁羃羃（覆盖貌）以色固。介尔贞坚，确乎规矩。昔诸侯立政，周道无闻。嗟礼乐之仍缺，叹诗书而未分。圣人乃启以褒贬，垂以坟典。必藉兹器，用成斯文。盖石固而人往，亦事存乎砚云……时代迁移，去游、夏（孔子的学生子游和子夏，擅长文学）而弥远；日月逾迈，变炎凉之已多。别有缝掖（儒生衣服，这里代指作者自己的布衣身份）书生，献策东京。抑垂先哲，攻文后成。叨秉笔以当问，愧含毫而颂声。

作者歌咏的孔子砚，实为孔子不朽的化身。歌颂孔子砚，实为歌颂孔子及其对文化的伟大贡献，从而令人重温民族的文化。人们仰慕崇敬孔子，还在于孔子为民族树立一个完美人格的形象——荧荧光澈，羃羃包固；介尔坚贞，确乎规矩——既光明磊落，又博大精深，有信念，有准则，同于常人，又高于常人。

文化的命运也就是文人的命运。文人看到砚时往往联想到自己的命运。魏晋时王粲的《砚铭》写道：

昔在皇颉，爰初书契，以代结绳。民察官理，庶绩正兴。在世季末，华藻流淫。文不为行，书不尽心。淳朴浇散，俗以崩沉。墨连翰藻，荣辱是若。念兹在兹，唯玄是宅。

文化带来了社会的繁荣和安定，也造就了一批玩弄文字的无聊文人，他们败坏人心风俗，搬弄是非。正直文人因此多遭不幸。只有砚台，一如既往地坚守自己的信念，不随流俗，不慕荣华，不失本色。诗人因此找到了知音，慷慨陈词，一吐为快。从中也可领略到建安文人的梗慨多气。

东坡仿韩愈的《毛颖传》，为砚作了一篇《万石君罗文传》，以砚的遭遇为题，道出了文人的身世与悲欢。

文人的身世随文化的命运而沉浮，随人主的好恶欣厌而或尊或卑，这就是《罗文传》中表达的基本意思。传中写道：

> 罗文，歙人也，其上世常隐龙尾山，未尝出世为用。自秦弃诗书，不用儒学；汉兴，萧何辈又以刀笔吏取将相，天下靡然效之，争以刀笔进。虽有奇产，不暇推择也。故罗氏未有显人。

罗文，取歙石中罗纹石之名，拟人而述。秦施暴政，汉重刀笔，皆文化之不幸，所以罗文不为人知。后罗文偶与文士交往，被磨砻成材。正逢汉武帝重儒术，得以进见武帝，受到宠爱，提升到要职，与墨客卿、楮先生、毛纯三人待诏中书，称为"文苑四贵"，并且朝中政令诏敕皆出四人。罗文被封为"万石君"。罗文因为廉偶有方，不愿与轻薄小人交往，因得罪小人，受"贪墨"的诬告，加上武帝又新宠爱端紫（即端砚），即疏远罗文：

> 上幸甘泉，祠河东，巡朔方，紫常扈从，而文留守长安禁中。上还，见罗文尘垢面目，颇怜之。文因进曰："陛下用人，诚如汲黯之言，后来者居上耳。"上曰："吾非不念尔，以尔年老，不能无少圆缺故也。"

汲黯，《史记》有传，汉孝景帝时直臣，人主且尊且惧。无少圆缺，即不能变通之意。文人正直者，命运多舛，就在心口如一，不愿随波逐流的缘故。如同砚一样，一旦成形，就不容屈曲。罗文才华出众，

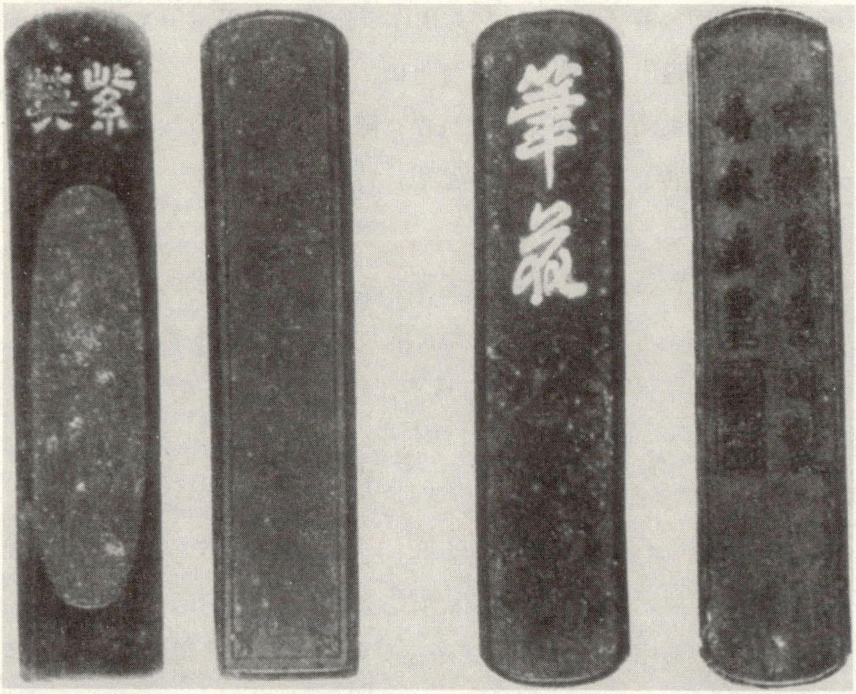

玉质金声，不同凡响，如果不愿随世屈曲，也难免疏远废弃的命运，砚的悲哀在这里，正直文人的悲哀也在这里。罗文后因排挤颠扑而卒，武帝怜而葬于南山之下。

东坡在罗文身上，融进了自己的命运的感受，赋予文具以人格，体现出文人与之亲密无间的交流。砚可以照出文人的身世，反映出文人理想的人格形象。传中的砚品，即理想的人品：如“文质温润，缜密可喜”，“厚重坚贞，行无瑕玷”，“玉质金声”，“有廉不可犯然”等等。人即是砚，砚即是人，水乳交融，浑然一体。

文化既是文人的生涯，文人就把砚作为劳作的工具。文人多把自己的生涯称作“笔耕砚田”。东坡《丹石砚铭》说：

> 彤池紫渊，出日所浴；蒸为赤霓，以贯旸谷。是生斯珍，

非石非玉。因材制用，璧水环复。耕予中州，艺我玄粟。投种则收，不炊而熟。

玄粟，即墨写的文字，比作粮食。艺即栽种。投种则收，“不炊而熟”，很有不食人间烟火的意味，与砚非凡品相照应。东坡《庆源宣义王丈……求红带》中说自己：“吏民莫作官长看，我是识字耕田夫。”以一种平易胸怀，看待自己的文人生涯，是许多人难以达到的境界。

大概宋代的文人还能安于笔耕砚田，愈到后来，文人于笔耕的牢骚愈多，后来笔耕干脆就成为以教书或卖文为生计的代名词。清代蒋伯超《南漘楛语》卷三《砚》记：“近得一砚，上有（伊秉绶）先生铭云：‘唯砚作田，咸歌乐岁。墨稼有秋，笔耕无税。’”其中显然有牢骚。文人多以天下为己任，一旦到了只能养家糊口的地步，就只好自我嘲弄了。清戴名世《砚庄记》说：“世之以授徒卖文称之曰笔耕，曰砚田。以笔代耕，以砚代田，于义无伤。而藉是以供俯仰（生计），此贫穷之士不得已之所为也。”文化本为社会生活中高尚的事业，如果一旦成为人们走投无路的选择，这个社会就要大难临头了。清帝国险遭列强瓜分，怕是民族史上最屈辱的一页，这种命运先就在文人身上露出了消息。文人学无所用，即折射出其他阶层的流离失所；文人发牢骚，是其他阶层也要说话的前兆。文人在人世间，像是迎春花，也像是寒号鸟，多能预示季节的变换。

朝廷赠赐书具，百姓互赠书具，甚至有以书具传家的，能表明什么呢？统治者明白文化对于安邦治国的作用，老百姓明白文化可以使家族发达，所谓“家无读书子，官从何处来”。当然，也有希望了孙凭借文化超越世俗的，以书具传家，就意味着以文化传家。文士之间互赠书具，则意味着赏誉或关切。下面讲述平民百姓自己的故事。

《晋书·范粲传》记，范粲的长子范乔只有二岁时，他的祖父范磬临终之际，抚着范乔的头说：很遗憾不能看见孙子长成人了。把自己用过的砚留给了范乔。范乔到了五岁，祖母向他讲述了这事。范乔手捧砚哭了起来。范乔的哭，应当是理解了祖父的关切和期望。以文化或诗礼传家，是古人最神往的事情。文化的失传，意味着家族的衰落。没有文化的家庭，或许可以富豪一时，但终不免昙花一现。所以古人多瞧不起暴发户；诗礼之家，虽然清贫，也仍受人尊重。所以传砚一区区小事，竟载之以史书！

《南齐书·王慈传》，王慈八岁时，外祖父王义恭把他接到自己住宅，把自己平生所藏珍品拿出来，让王慈随意拿取；工慈只拿了素琴（没有装饰的琴）及石砚，这使王义恭非常高兴。王义恭是刘宋太宰，见外孙如此清雅，将来定有出息，所以高兴。

《南史·庾易传》，庾易志性恬静，不慕名利，得西安长史袁承的欣赏。袁赠送庾易一套书具，其中有蚌砚等，还附有一首诗："白日清明，青云辽亮；昔闻巢许，今睹台尚。"重视文化，必然重视人品。崇拜金钱与强权，则到处是狐群狗党。袁承把庚易比作上古贤人巢父、许由，可见钦敬之深。

赠砚有极动人的故事，传下不少友谊的佳话。《南唐书·蒯鳌传》，蒯鳌曾收藏有一枚龙砚，他的一位朋友见了，很想要，但没说出口，蒯鳌也看出来了，心里也答应给他的朋友，只是没有机会说出来。一天，他的朋友不辞而别，他很懊悔没早把心思说出来，便徒步数百里，追上朋友，把砚赠给了他的朋友。这使人想起《说苑》中的一则故事：战国时，延陵季子出使晋国，转达国君的问候。他带着宝剑去访问了一个叫徐君的故人，徐君看了季子的剑，显出想要的神情，但没说什么。季子看出来了，但作为国使，不能无剑，虽心里已答应了给徐君，但还不能说出。等季子转来向徐君赠剑时，徐君已去世，季子很悲痛，便把剑赠给徐君的儿子。徐的儿子说："先父没说过接受剑的话，我不能接受。"于是季子便把剑挂在徐君墓的树上就离去了。当地的人很感动，歌唱道："延陵季子兮不忘故，脱千金之剑兮带（挂）丘墓。"有修养

的人于友情心心相印，心照不宣，友情之动人也在这里。砚和剑或许微不足道，相互的关切理解才是不朽的。

砚可以传家，可以是信物，也可以象征文人矢志文化的信念、誓言。据《五代史·桑维翰传》，桑维翰，字国侨，河南人，形容丑怪，身短而面长，常对镜自嘲说：“七尺之身，不如一尺之面。”以治理国事为己任，常慷慨作叹。后举进士，主考官讨厌他的姓，以为“桑”“丧”同音，终不取。有人劝他不必举进士，可以从其他途径求官。桑维翰便作《日出扶桑赋》来表明自己的志向，又铸铁砚一枚向人表示：只要铁砚磨穿，便改从另途求仕。最后终于进士及第。古人以进士及第求仕为正道；而正道直行，常被人讥为迂腐。以后把铁砚作为文士苦读的象征。《西厢记》第一折《混江龙》词：“向涛书经传，蠹鱼似不出费钻研。将棘围守暖，把铁砚磨穿。投至得云路鹏程九万里，先受了雪窗萤火二十年。”棘围，指考场。(《五代史·和凝传》：“是时进士多浮薄，喜为喧哗以动主司。主司每放榜，则围之以棘。”)

砚既是一种工具，高尚的人用来追求真理和人生价值，无能之辈以阿附为生计，运用既有的用具来取悦人主或权贵则是日常处心积虑的功课。《魏略》记，一个姓张的小吏，身价卑微，家境贫寒，自度无进身之路，便平时准备好笔墨等，一旦遇见朝堂上大臣记事或上奏时无笔墨，便取出给大臣用，讨得了大臣的欢心。《南史·梁武帝本纪》载，天监四年，吴令唐傭献铸铁盘龙火炉及翔凤砚盖（目的在取悦人主），但武帝尚节俭，唐傭拍马拍到了马蹄上，反遭灭顶之灾，武帝下诏禁锢唐傭终身。这只是拍马史上不足挂齿的悲剧。到宋代，以砚巴结权贵成为风气。凡是任端州长官的，往往以进贡为名，把贡砚的数量提高数十倍，用以巴结权贵。这是以民脂民膏营私的例子，无端加重了人民的负担。从这里也透出了北宋末年农民起义的消息。

也有把砚当作民脂民膏来加以爱护的。《宋史·包拯传》记，包拯任端州长官，并不像前任那样把贡砚的数目提高数十倍，而只要工匠做够上贡数目即止。任满时，也没有带走一块端砚。至今肇庆地区还流传着“包公摔砚”的故事。据说包公离任端州时，不受吏民的任何馈赠，两袖清风而去。但乘船离端州不远，忽然乌云密布，狂风恶浪，电闪雷鸣，船不能行。包公意识到这是上天的警示，意味着船上有什么不义之财。便命仆人包兴检视行李，也没发现什么。但雷鸣仍不止。包兴忽然想起，是他替主人背地里收下了一枚端砚，因为主人太喜欢端砚了。包公便把这块端砚扔进了河里。顿时云开日出，风平浪静；就是包公扔砚的地方，生出了一片砚形的河洲。人们取名叫砚洲。故事的真实与否无关紧要，而人们对清官的缅怀却成为一块无言的丰碑。

因砚长伴主人，文士多为砚作铭文，且比其他三种书具的铭文更耐人寻味。铭文多刻制于砚上，作为座右铭，以体现主人的人生观或情趣。

相传是周武王的《书砚铭》说：“石墨相着而黑，邪心谗言无得污白。”墨写的话，比口说更经得起考验。所谓“口说无凭，立此存照”。布衣百姓尚不乏此种精神。

东坡一生为砚作铭甚多，其铭意味深长，多能反映出正直文人的情趣和怀抱，见以卓越，为常人所不及。

东坡《端砚铭》：“我友三益，取溪之石。与墨为入，玉灵之食；与水为出，阴鉴之液。匪以玩物，唯以观德。”益友，见《论语·季氏》：“益者三友，损者三友。友直，友谅（信），友多闻，益矣。友便辟（骄谄），友善柔（心口不一），友便佞（夸夸其谈），损矣。”以人物为鉴（镜）观德，不管怎样，总是有益于自己的。

东坡写给儿子迈的砚铭说：“以此进道，常若渴；以此求进，常若惊；以此治财，常思予；以此书狱，常思生。”他讲述了以文化的观点对待人生：追求真理，永不满足；对仕进，头脑清醒；对财富，好施予；对生命，思怜悯。具有浓厚的人情味和文化内涵，这就是东坡的品格。

东坡《王定国砚铭》：“石出西山之西，北山之北。戎以发剑，予以试（磨）墨。剑止一夫惊，墨以为万世则。吾以是知天下之材皆可以纳圣贤之域。”物本身没有社会品性，人赋予它什么品性，它就有什么品性。所以没有什么不可用于人类和平自然的生活。

《端砚铭》：“千夫挽绠，百夫运斤（斧）。篝火下缒，以出斯珍。一嘘而泫，岁久愈新。其谁似之，我怀斯人。”东坡的平凡语，却体现出对他人的关切，最见人情味。邵博《闻见后录》云：“予尝评砚，端石如德人，每过于为厚……歙石如俊人……”岁久愈新，正是德人风采，所以为东坡感怀：一见如故难得（一嘘而泫），白头如新也难得。

砚铭作为座右铭，与镜有同一作用，可以自我欣赏，自我激励，或自我感伤……

徐铉《砚铭》：“他山之石，是研是治，荆蓝表润，云雾含滋。”颂砚之美。

晁补之《端溪砚铭》：“倏忽相遇，云翔雨驱。似神而非，以茁万殊。”描绘出对端砚陶醉中的幻象。

东坡《龙尾砚铭》：“涩不留笔，滑不拒墨。瓜肤而谷理，金声而玉德。厚而坚，足以阅人于古今；朴而重，不能随人以南北。”首叹大自然赋予龙尾石美丽的外表（即瓜子纹、谷纹）和金玉的德性，调和了人不可调和的矛盾，因为它饱经沧桑，有属于自己的个性。是自我欣赏，也是自我激励。（以上见高似孙《砚笺》）

清代纪晓岚《砚铭》：“石出盘涡，阅岁孔多。刚不露骨，柔足任磨。此为内介而外和。”画出了古代士大夫理想的内在与外在的形象。是砚铭中的上品。

宋人不仅有墨癖，而且有砚癖，真是令人惊羡的文化奇观。

陶穀《清异录》载，南昌有个叫陈省躬的人，好砚成癖。晚年曾得一枚砚，腹有四眼，徐铉为之取名叫“方相石”，而省躬自号为“仙翁砚”，大概取自道教“四目仙翁”号。其珍惜怜爱竟至于此。

《宋史·唐询传》，唐询好收藏各种各样的砚，只要有客，就拿出来互相欣赏。并著有《砚录》三卷。是心中只有砚的人。

王阙闵之《渑水燕谈录》记，唐彦猷清简少欲，无意世事。闲居在家时，或终日默坐，或吟诗品茶，或临书试墨。曾得一红丝石，自琢成砚，终日把玩不已，自以为端歙之石都不及好。唯砚能激活热情，非痴即癖。

米芾以“砚颠”“石癖”闻名于宋。《春渚纪闻》记，米元章曾为皇上书一大屏，皇上叫他使用御案上的笔砚。写完后，元章捧着用过的端砚下跪请求说，这御砚已被臣下用过，再也不堪经皇上使用了，不如就赐给臣下吧！皇上听了大笑，同意了。元章得砚，手舞脚蹈，拜谢而出。墨渍全洒在了衣袖上，但喜悦之色溢于言表。皇上对蔡京说："米癫之名不虚传也!"蔡答道："米芾人品超脱，世间不可无一，不可有二。"

费衮《梁溪漫志》卷六记：米元章作濡须（今安徽无为县）的长官，听说河边有怪石，不知是从哪里来的，人们都觉得奇怪。元章命人将石头搬进府衙，作为玩物。石头运到，使元章大为惊诧，就叫人设席，对石下拜道："我想石兄已二十年了!"旁人以为这是对皇上的不恭，因此得罪被罢官。可见其人之超脱不羁。后来竹坡周少隐经过这里，看见这石头，大发感慨，作诗道：

> 唤钱作兄真可怜，唤石作兄无乃贤。
>
> 望尘雅拜良可笑，米公拜石不同调。

宋朝的嗜墨砚，怕与宋人深于性理之学有关。好性理，则常沉思默想，故有奇癖。但其中也同文士的清高相关。正直文士，多厌恶人世的浮华喧嚣，而愿意与山水奇物作无言之交。李白的《独坐敬亭山》道："众鸟高飞尽，孤云独去闲。相看两不厌，只有敬亭山。"其嗜山水与嗜墨砚，本无差别。

东坡亦嗜砚，却好作旷达语，以示不嗜。其实东坡的不少记砚文字及砚铭、砚诗，对嗜砚之情却欲盖弥彰。明代陈继儒《妮古录》中记，有人对东坡居士说，他要去端州，是否可代为购买一块端砚。东坡笑着说，我只有一只手会写字，但已有了三块砚，要那么多来干吗？其人说可防备砚有损坏。东坡即说，我的手与砚谁先坏？其人道："真手不坏。"东坡也笑道，"真砚亦不坏。"

"三灾砚"的故事。《清异录》记，唐萧颖士（开元时进士）为人豪爽，自视清高。一天，同几位友人到李韶（仓库官员）家，见一块精美的砚石。出李家后，萧问友人说："你们可识得这砚之名?"友人

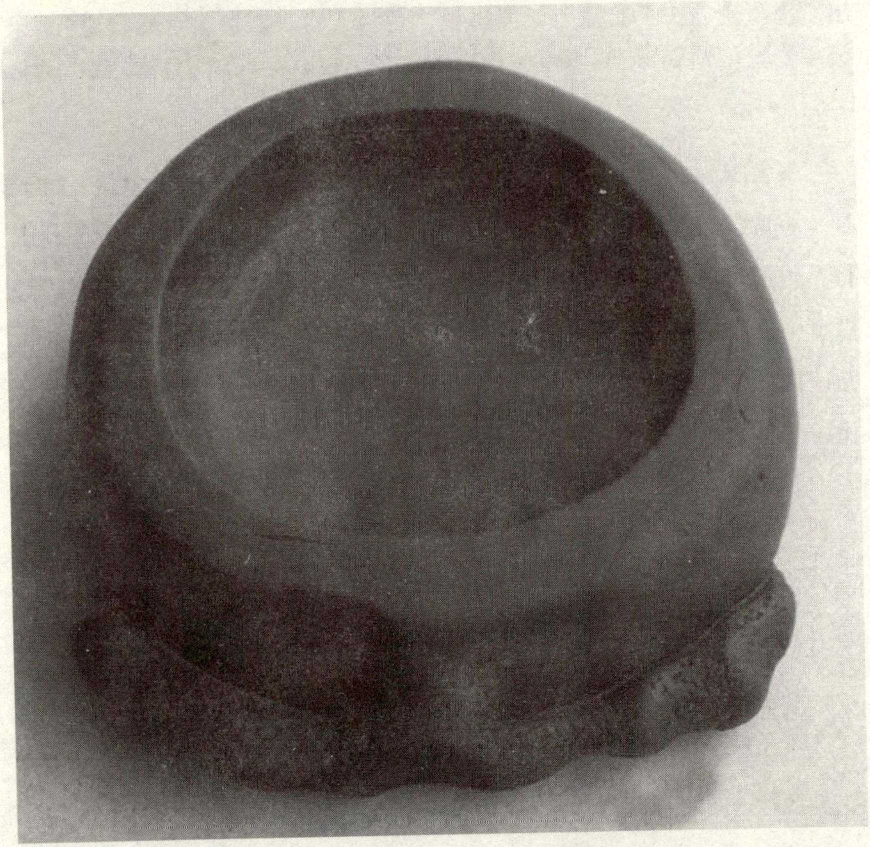

很惊奇，不能回答。萧自答道：“这叫三灾石。”友人更惊奇了。萧解释说：“主人不通书写，是砚一灾；文词不通，是砚二灾；书案狼藉，是砚三灾。”同路友人不得不点头称是。文人之爱砚，是不愿看见砚被文盲糟蹋的。

唐人于砚似乎也爱之成癖。《云仙杂记》中记藏砚用文绫之匣，以防灰尘沾染，无异于金屋藏娇，其爱可知。又记薛稷的文房四宝封官，“为砚封九锡（即封赐九种物品）拜离石乡侯使持节即墨军事长史兼铁面尚书”。为四宝封拜完毕后，薛家屋外云气缭绕，结为楼台状，四邻争相观看，许久云气才散去。宋代《文房四友除授集》即仿此而作，明白地表达了文人济世报国的梦想。

唐人于砚，生事之以礼，死葬之以礼，以事人之心尽其一心，可谓至情也。韩愈《瘗砚文》中写道：

陇西李元宾始从进士，贡在京师。或贻之砚。四年悲欢否（倒霉）泰（走运）未尝废用，凡与之试艺春官（考试）。宾二年，登上第。行于褒谷（今川陕交界处）间，役者误坠于地，毁焉。乃匣归埋京师。里中昌黎（韩愈郡望名）韩愈，其友人也。赞而识（记）之曰：

土乎成质，陶乎成器。复其质，非生死。类全斯用，毁不忍弃；埋而识之，仁之义。砚乎砚乎，与瓦砾异?!

真是聚也依依，别也依依，是为砚，还是为己？真是一言难尽。

五　似神而非，以茁万殊

——关于砚的奇事

由于砚在人们的心中是有血有肉有情志的，所以砚也能同人一样，变幻出无数稀奇古怪的故事，或迷离恍惚，或荒诞不经，或令人解颐微笑，或令人拍案惊奇，其实，都是从人们的情感或希望中变化而来，与人们的精神生活有着同一的性质。

砚之奇事，是笔墨纸难以比拟的。

《云仙杂记》载，一个叫侯道昌的人在下雨时，把一枚龟头砚放在屋檐下承接水溜来洗砚，没一会水溜滴破了砚，其中现出白影珠十颗。有害眼病的，用珠子煮水洗患处，就能治好眼病。

《开元天宝遗事》记，御府内库中有一只七宝砚炉。每到天寒砚冻，置砚于砚炉上，不用生火，砚冻便能渐渐化开。玄宗在冬天时即常使用这砚炉。

《渔阳石谱》记，牛僧儒喜欢奇石，珍藏一部砚山，山上有一天池，不用添水，自然便可洗笔。

《诚斋杂记》载，唐德宗贞元年间，一个叫许商的人行船太湖上，被青衣人迎入一府。年轻的女主人请许商写《江海赋》，所用之砚山碧玉琢成，装在银镶水玻璃匣中。

《珍珠船》记，南唐李后主得到一枚青石砚，墨池中有一像弹丸大小的黄石。池中水常满，终日用之不竭。后来李后主归降宋朝，被陶穀看见，觉得很奇怪。因砚大不能拿走，便取了砚中的黄石而去。后主拉着陶穀的手不放，定要陶穀拿什么来交换。陶不答应。后主说，黄石只有放在这块砚中才能生水，其他的砚都不行。陶试了很多砚，果然是这样。后主苦求把黄石还给他。陶无法，只好说，你实在要，我就打碎黄石。石破后，从中跳出一条小鲤鱼，触地便死。从此后，这青石砚再也不能自己生水而润泽了。

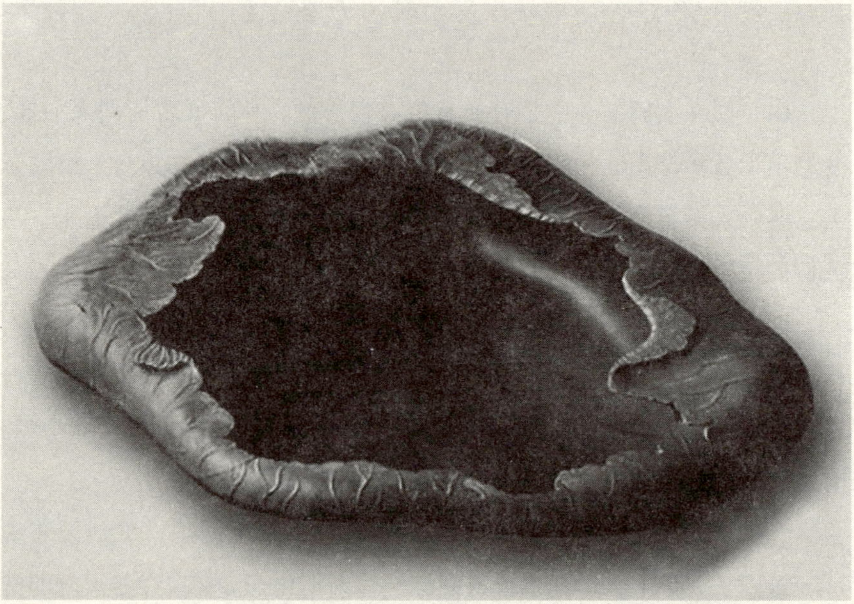

《春渚纪闻》中也有石中涵鱼的故事，略有不同。记载说，徐州护戎陈皋，偶行田间，遇一掘墓者得一玛瑙盂，大小能容二合水，无雕饰，圆净可爱。陈氏用作贮水注砚。一天，陈悠闲，看见盂中有一条小鲫鱼，游来游去。开始以为是汲水时，在池中偶尔捞上来的。后来觉得很可疑，就把盂中的水全部倒在另一小盆中，鱼也就不见了，把水盛满盂内，一会儿，一条小鱼又活鲜鲜地游了出来；用手去捞，竟无鱼的形体，空空如也。又，当时的水曹（主管水利的官员）赵子立，也遇见过石中涵鱼的怪事。一次，赵在京城相国寺以百钱买了一块石头作镇纸用，一个玉工愿以二万钱买他的石头，赵不答应。玉工叹道，这块石头在我的手中才有用处，在其他人手中则一文不名。赵把石头拿回家，用了几年，也没觉得石头有什么奇异之外，他的儿子不信那玉工的话，就用斧头砸开石头，见其中有一泓水，一条小鲫鱼随即跳出，泼剌有起，触地而死。赵氏叹息不已。

《春渚纪闻》中还记有几种奇砚，试列举几种：

端溪龙香砚。为临汝史君黄莘（字任道）所珍藏。砚深紫色，古斗样，每当贮水或磨墨较久时，就会发出龙脑（香名）麝香般的泥香，沁人心脾。据说是先代御府中的物品。任道去世后，他的儿子以它随了父葬。

歙山斗星砚。歙地一大姓汪氏，家住山里。一晚，山洪至，迁居于一庄户之居。这家庄户是一砚工。夜里，汪氏发现支床的石头放出异彩，很惊讶，就取出带回家琢成砚。砚呈天青色，细罗纹，中涵七颗金星，如斗宿排列，取名“斗星砚”。从此汪氏家道日益富足。汪氏怕砚被人夺走，秘不示人。家里每来客走后，必定焚香拜砚，以求砚平安，而能护佑家道。方腊之乱时砚丢失了。

龙尾溪月砚。由三衢徐氏珍藏。为龙尾溪石所制，靠近贮水之处，有一圆晕，几寸许，如一满月状。其色明暗，随月盈亏。

《已疟编》记，魏国公家珍藏一对鸳鸯砚，两砚并处时则砚水自流，光彩温润，分开则与常砚无异。

明代朱常涝《述古书法纂》记，汉武帝时，祁支国进马肝石和丹砂，食后经年不饥，用来擦拭白发，白发尽黑，用来作砚，则光润可爱。清代王晫《石友赞》也记："马肝石，汉武帝元鼎间，郅支国贡马肝石，以之拭发，白者皆黑。帝坐群臣于甘泉殿，有发白者以此拭之，应手皆黑。是时公卿语曰：'不愿作方伯（神仙），唯愿拭肝石。'"

古代记载奇砚的故事比笔墨纸更神奇怪异，大都涉及文士的身家或命运。

《文房四谱》记，"郑朗因状元及第又被复落，心中郁闷不乐。他听见书斋上的砚台，忽然发出十来声异响，便更加不安。当时有叫洪法师的和尚在座，他说：砚作声，是有声价之象。"后来郑朗果然位居台辅，所以"砚作声"是一种吉兆。当时的直阁舍人范杲，曾说他在馆阁值班，与诸生闲聊，他案上的砚不时发出十来声叮叮的响动。别人都感到害怕，但他心中却暗自高兴。大约半月后，他被赐予朱衣银鱼。

《却扫编》记，宋神宗熙宁年间，左丞梁况之以朝臣的身份作明州（今浙江宁波市）通判。当时有一位苏公以集贤院学士作杭州太守（熙宁五年至七年，东坡曾于杭州任通判）。梁赴任路过杭州，二人一见倾心，流连数日。临别，苏公赠送一枚石砚，并附书说："石砚一枚，留为异日玉堂之用。"梁公不明其意，收下并表示感谢。后两人不复相见，赠砚时的话也忘了，宋哲宗元祐六年，梁公在翰林院。一夕，宣召甚急，梁公准备动身时，将常用的砚跌碎了，急忙中随便拿了一枚砚就走，到了之后，受旨书"尚书左丞苏某拜右仆射"诰，受命后退归玉堂，便立意谋篇，执笔之际，偶尔瞥见所带来的砚正是当年苏公所赠，于是恍然大惊。这一晚，梁公亦受左丞之任。后来在政事堂与苏公相遇，谈到这事，苏公只是一笑了之。

《挥麈余话》记，丁晋公（丁谓，宋真宗时丞相。《宋史》有传）临终，留下一小箱，上写着："俟五十五年，有姓丁来此（光州，今河南潢川）作通判，可分付开之。”后来果有一丁姓者来此作通判，此人即丁晋公之孙。他打开箱子一看，其中是一枚端砚，上有一小孔，用棋子盖着，揭开棋子，便有水汪然而出，盖上棋子即止。这砚温润绝伦，不可名状。又记，陈缜作端州长官，听说有一人家收藏一块端砚，非常奇特，便倾家产买下。砚上有熨斗焦痕（即前面谈到的“火捺痕”），如黑龙搏天，令人生畏，龙目为鸲鹆眼，天阴则晦暗，天晴则明亮。

在古代的传说中，砚总是一种吉祥物，或许表示，文化总是给社会带来吉祥和安宁，文化昌明的时代，总是大治的盛世，文化被破坏，总是不祥的预兆。

《文房四谱》记，魏孝静帝时有“芝生铜砚”。这里的芝，是否即是铜绿，铜绿生于铜上，很像苔藓植物。《北史·齐显祖本纪》记，乾明元年四月夜里，有禾苗生于魏帝的铜砚中，第二天早上便有几寸长了，并长出了穗。古书里新主继位，或改元之后，大事之初，总有祥瑞出现，铜砚生穗，也是一种吧？

《宋史·钱氏世家》记，钱俶异母弟钱俨极好学，博览经史。幼时曾梦见有人送给一枚大砚，自此作文才思敏赡。当时国内的重要文章多出自他的手。平生与文士优游吟唱，以文名见重于天下。这是把砚视为文才的象征。

砚既是吉祥物，所以忌讳损害或接近死亡之处。《唐语林》记，唐僖宗时，郑畋、卢携同在中书议政，争执时把砚打碎。王铎听说，叹道：“不意中书有瓦解之事！”后中书省一直不和，直到唐亡。

《春渚纪闻》记，吴兴（今浙江湖州市）人余厚，珍藏一枚玉蟾蜍砚，四寸宽，八寸长，受墨处独独无光。有人说这是南店时御府中的物品。作者与另一位友人去余厚家，准备欣赏玉蟾蜍砚，刚好碰上余厚母丧，正守灵。余厚把砚揣来，接着就听见袖中“啧啧”作响，便拿出砚来看，只见蟾蜍的头部裂开一条如丝的纹路。

砚可以寄托文人的金钱梦。文人读书，不仅希望济世报国，同时也希望荣华富贵，所谓“书中自有黄金屋，书中自有颜如玉”。但毕竟只有少数读书人能够实现这个梦想。多数的文人只好用自己编造的梦境来打发日子。《宣室志》记，有个叫蒋生的读书人，好道术，遇见一个贫窭之人，自称章全素，愿意当蒋生的仆役。但这章氏极懒惰，常遭蒋生打骂。有一天，章氏对蒋生说，你案上的砚台，我可以给变成金子。蒋生听后，更为章氏的狂诞而愤怒。当时蒋生有事出去了。等蒋生回来，章氏已死去，而桌上的砚也不见了。却发现药鼎中有奇光异彩，而砚就在其中，有一半已变成“紫磨金”。蒋生因而叹悔终生。故事中的蒋生，本应以读书为务，或自营生计，以便取仕做官，或许由于懒或其他原因，却梦想以道术来致富贵，是不务正业。章氏应当是蒋生的影子，所以能不期而遇。章氏有点石成金之术，正是蒋生的梦想。章氏之死，使蒋生的梦想破灭。既不能仕进，又不能向道，所以叹悔终生。

砚还可以作为宫闱淫乱的见证，而那淫乱所在或许就在书斋里。

《文房四谱》引《开天传信记》载，玄宗所宠信的美人，忽然梦见有人邀她去饮酒密会，并把梦向玄宗说了。玄宗说，这肯定是那些道士干出来的事。你若再去，最好拿什么做个记号。这天晚上，美人睡熟后，飘飘然地又去了，半醉半醒，只见有块砚在前面，便暗地里蘸墨按了个手印在曲房的屏风上。美人醒后便把梦中所为一一告诉了玄宗。玄宗便密令人潜往东明观察看，见那手印还在屏风上，但观里的道士全都跑了。

神仙也有砚癖，也要取人奇砚。南朝刘宋刘敬叔的《异苑》记，有个叫蒋道友的人，在水边发现漂来一段木头，就用来制造了一个像鱼形的砚，并把画有道家符谶的纸放进去。这砚跟了他二十余年。一天突然不见了。当晚梦见有人对他说，我外出小游，经过湘水的湘君庙，被二妃留住了（二妃，即娥皇、女英，舜的妃子），现暂且回来一下，你明早到水边来找我。明天一早，道友到了水边，见渔人打得一条鲤鱼，便买了回家。剖开鱼，里面即是先前写有符谶的纸，才知道是梦中人留下的。忽然屋外雷电交加，有五色云气，直上九霄，鱼及纸都不见了。有人经过湘君庙，看见道友的鱼砚正放在二妃身旁。

精怪也常以砚为舞台，演出离奇故事来。《文房四谱》记，常有蚂蚁成为精怪，游猎于文士的书斋，看起来虽小，但很真切。它们在砚中撒网，捕得许多鱼。《异闻实录》（《古今图书集成》载）记，有个叫徐元放的人，夜里读书，见有米粟大小的人百来个，身着甲胄，拥护着一个紫衣人走在书案上，并大声传呼："蚍蜉王欲观渔于紫石潭！"有数十人把渔具放入砚中，捕得小鱼无数，元放大惊，急忙用书盖住砚台，揭开看，人物了无踪影。

砚在名士手中可具有镇物的神力。《古今图书集成》载《无为州志》说，米芾作无为州长官时（无为州，即今安徽无为县），在郡厅后建了一个小亭作为消闲处所，亭前是一个乱石砌成的水池。米公夜坐亭中，池中蛙噪不已，米公把砚扔进水池，群蛙便停止了鼓噪。第二天池水变为墨色。至今这池子还叫作墨池。群蛙不再出声，仿佛是慑于米公的德行、文名。米公不仅文名重于当时，而且人品清高，性情洒落，不随流俗。志中又记，有人曾看见米公穿着犊鼻裈（一种围腰，能遮保前胸）到水边洗砚，便溜进米公住处，打开米公的小箱，见其中一无所有，唯二饼小龙团香墨，就趁米公还在洗砚，赶快把墨放回，关上箱子，溜了出去。与米公拜石的故事相印证，便可知米公为人，其人格可感天动地，镇物也就不在话下了。

主人能动人，即能动神。《群书类编故事》（明王罃编）载："有僧讲经山寺，常有一翁来听，问其姓氏，曰：'某乃山下潭中龙也。幸岁旱得闲，来此听法。'僧曰：'公能救旱乎?'曰：'上帝封江湖，有水不得辄用。'僧曰：'此砚中水可用乎?'乃就砚吸水而去。是夕，雷雨大作，逮晓视之，雨皆黑水。"文士以济民救世为本，莫嫌砚中池水浅少，只要诚心正意，一砚水也能活一方人。是心诚能动天地，用权亦能济人。

《文房四谱》记，蓝田王顺山悟真寺，有高僧写《涅槃经》，天上便飞来群鸽衔水添砚，砚水一干，全都飞来。写经是为传播真谛，神物共助，或许并非奇事。《古今图书集成》载《名山藏》，扬黼，云南太和（今大理太和村）人，生性好学。庭前有大桂树，缚一木板，上写"桂楼"二字。或出入桂楼，或躬耕南亩，并注《孝经》数万言，都用古小篆写成。书砚干后，准备下楼取水，但砚池中水忽然又满了。这样，人们即把这现象叫"孝感"。

如果把砚看做文人及其文化事业，或许奇砚与奇事，也就不奇了。